Σ BEST シグマベスト

大学入試

総合型選抜
学校推薦型選抜

最速で
合格をつかむ
志望理由書
の書き方

今道琢也

文英堂

はじめに

> 志望理由って何を書いたらいいの？

> 自己PRを書けって言われても、書くことないし……

　私は、志望理由書や小論文の書き方を指導する塾を経営していますが、総合型選抜や学校推薦型選抜のシーズンになると、このような悩みを抱えた受験生がたくさん相談に来ます。

　この本は、そうした受験生のために、**「志望理由書」**や**「自己推薦書」**などの書類の書き方を初歩からていねいに解説したものです。大学によっては、提出する書類の名称が**「自己アピール書」**や**「自己申告書」**などになっている場合もありますが、こうした書類で聞かれる質問項目についても、その書き方をしっかりと盛り込んでいます。

　志望理由書や自己推薦書に限らず、文章を書くうえでは、いくつか守らなければいけないポイントがあり、それを知らずに書いていると、見当外れの文章になってしまいます。

　実は学校の先生方も全員がこのことを知っているわけではありません。私は現役の小中高の先生に対しても文章指導を行っていますが、皆さんかなり苦労しておられます。文章を書くのを苦手としている先生も少なくないのが実情です。

　ですから、受験生の皆さんは、周りの人の意見を参考にしつつも、**自分自身の力で「よい文章」とは何かを理解し、「伝わる」志望理由書・自己推薦書を書く力を身につけなければなりません。**文章を書くときには、基本的な「手順」があります。それを知っていれば、たとえ2000字の課題レポートであっても、評価される文章を書くことができるのです。

この本では、「**具体性**」と「**実用性**」に徹底的にこだわりました。受験生に要点をできるだけわかりやすく伝えるために、次のような特長をもたせています。

☑ 「**イマイチ答案例**」と「**バッチリ答案例**」を示しているので、どのような点に気をつければ高い評価が得られる答案を書けるのかが、すぐにわかります。

☑ 「こういう設問だからこう考える」という「**思考のプロセス**」が身につくようにしています。他人の答案例を丸写ししても意味はありません。「思考のプロセス」を真似することで、どのような設問に対しても評価される答案が書けるようになります。

☑ 答案を書くときの準備段階である、**下書き「メモ例」**を多数掲載しています。「設問」と「答案例」だけを見せられても、どのようにその答案を書くに至ったのかがわからないと思います。そこで、設問を読んだあとにどういう手順で材料を集め、最終的に答案にするのか、「**メモ例**」**によって途中経過がわかるようにしています。**

　執筆にあたっては、全国の大学の志望理由書や自己推薦書を分析し、「**出題されやすいテーマ**」をできるだけ多く収録することを目指しました。学部・学科を問わず使える内容になっていますので、書類作成時に、ぜひとも手元に置いて活用してください。

　この本で学んだ「伝わる文章の書き方」が、皆さんの志望校合格に役立てば、著者としてこれ以上の喜びはありません。

「ウェブ小論文塾」代表　今道琢也

この本の特長

その1

志望理由書などの出願書類の書き方が最速でわかる！

総合型選抜をはじめとする推薦入試で提出が求められる**「志望理由書」**の書き方をゼロから解説しています。**「自己推薦書」「活動報告書」「課題レポート」**で問われる項目についても網羅しているので、あらゆる出願書類の書き方が最速でわかります。

その2

「典型的な失敗」を知って、あるあるミスを回避できる！

多くの受験生がついついやってしまいがちなミスを**「ありがち失敗答案」**の形で10例挙げ、それぞれのミスの原因をていねいに説明しています。典型的なミスのパターンをあらかじめ知っておくことで、「あるあるミス」を回避できます。

その3

「イマイチ答案例」と「バッチリ答案例」を比較できる！

改善のポイントを示しています

イマイチ答案例

私は子どものころから生物に興味があり、特に森林の生き物に関心をもってきた。そのきっかけは、小学2年生のときである。家族で知床半島を訪れたが、植物、昆虫、魚などさまざまな生き物を観察することができた。生物のゆりかごと言われるほど多様性があり、それぞれの生き物がつながりあって生態系を支えていることを知った。私はこうした生き物の関係性を大学で学びたいと考え、貴学の農学部を志望する。

バッチリ答案例

私は子どものころから森林の生き物に関心をもってきた。小学2年生のときに家族で知床半島を訪れ、植物、昆虫、魚などそれぞれの生き物がつながりあって生態系を支えていることを知った。私はこうした生き物の関係性を大学で学びたいと考えている。**貴学の農学部は森林生態学を専門とする先生方がおられ、大学の演習林もある。学習・研究のための環境が大変整っていることに魅力を感じており、貴学の農学部を志望する。**

改善が必要な**「イマイチ答案例」**と、高評価が期待できる**「バッチリ答案例」**を掲載しています。両者を比較することで、どこをどのように改善すればよいのかが一目でわかります。

下書き「メモ例」があるから、答案を書く過程が見える!

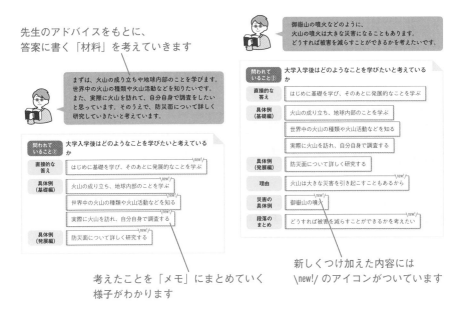

先生のアドバイスをもとに、
答案に書く「材料」を考えていきます

御嶽山の噴火などのように、
火山の噴火は大きな災害になることもあります。
どうすれば被害を減らすことができるかを考えたいです。

まずは、火山の成り立ちや地球内部のことを学びます。
世界中の火山の種類や火山活動などを知りたいです。
また、実際に火山を訪れて、自分自身で調査をしたい
と思っています。そのうえで、防災面について詳しく
研究していきたいと考えています。

問われて いること②	大学入学後はどのようなことを学びたいと考えている か
直接的な 答え	はじめに基礎を学び、そのあとに発展的なことを学ぶ
具体例 (基礎編)	火山の成り立ち、地球内部のことを学ぶ
	世界中の火山の種類や火山活動などを知る
	実際に火山を訪れ、自分自身で調査する
具体例 (発展編)	防災面について詳しく研究する

問われて いること②	大学入学後はどのようなことを学びたいと考えている か
直接的な 答え	はじめに基礎を学び、そのあとに発展的なことを学ぶ
具体例 (基礎編)	火山の成り立ち、地球内部のことを学ぶ
	世界中の火山の種類や火山活動などを知る
	実際に火山を訪れ、自分自身で調査する
具体例 (発展編)	防災面について詳しく研究する
理由	火山は大きな災害を引き起こすこともあるから
災害の 具体例	御嶽山の噴火
段落の まとめ	どうすれば被害を減らすことができるかを考えたい

考えたことを「メモ」にまとめていく
様子がわかります

新しくつけ加えた内容には
\new!/ のアイコンがついています

　答案を書く準備段階である、**下書き「メモ例」**を多数掲載しているので、材料を集めながら最終的に答案にするまでの「途中経過」がわかります。

元アナウンサーの著者による指南で、面接対策もバッチリ!

　総合型選抜や学校推薦型選抜で実施される「面接」についても、万全の対策ができます。元NHKアナウンサーである著者が、想定される質問に対する回答メモの作り方や、よく聞かれる質問集、面接当日の心構えまで、きめ細かくサポートします。

＊本書に登場する「答案例」は、著者のこれまでの指導経験に基づいて作成したモデルであり、実際の生徒の答案とは異なります。また、「採点者」のコメントも、大学の入試関係者が答案を採点する観点をもとにオリジナルで作成したものです。

PART 1 志望理由書を書くときに必ず押さえたいこと

PART 2 やってはいけない！ありがち失敗答案10のパターン

PART 3

実践！
志望理由書を書いてみよう

PART 4 出願書類にある いろいろな質問事項

出願書類準備から
面接まで役立つ！

別冊　志望理由書 お役立ちブック

志望理由書の常識を
アップデートしよう

提出書類を書くところから、試験は始まっている

　総合型選抜・学校推薦型選抜などの入試を受けるときに提出しなければならないのが、**「志望理由書」**や**「自己推薦書」**です。一部の大学では、一般選抜でも「志望理由書」などを提出させるケースがあります。

　書類に記入する内容や分量はさまざまですが、大学によっては、「志望理由」だけで2000字くらい書かせることもあります。これだけの分量となると、付け焼き刃では対応できませんから、**しっかりとした準備が必要です。**

　文章というのはとても怖いもので、読む人が読めば、文章だけで「この人は優秀だな」ということがすぐにわかります。もちろん、その反対の判断が下されることもあります。文章を書くときには、言いたいことを決めて、全体の構成を考え、思いが伝わるように表現面にも気を配りながら書いていく必要があります。それらをクリアできれば、内容がきちんと相手に伝わりますし、好印象を与えられます。

　入試担当者は、受験生の書いた書類をじっくり読み込みます。書類でよい印象をもたれていればその分だけ有利ですし、あまりよくない印象をもたれてしまうと、すでにハンデを負ったことになります。**大学によっては、提出書類を点数化して評価する場合もあります。**

　入試担当者が「志望理由書」や「自己推薦書」を読んで、「ぜひ、面接でこの人に話を聞きたい」という印象になるか、「まあ、一応面接するか」と

いう印象で終わるか、この時点ですでに差がついてしまうのです。マイナスの印象をもたれると、そこから挽回するのは大変です。**「志望理由書」や「自己推薦書」を書くところから、もう試験は始まっているのです。**

　もちろん、入試担当者が面接をする際にも、これらの書類を参考にします。志望理由書に書いてあることをさらに深く突っ込んで聞いたり、志望理由書を読んで疑問に感じたことを質問したり、といった具合です。ですから、**面接のことも考えて、十分に文章を練り上げたいものです。**

■ 志望理由書はすべての試験の要

　このように言うと、「自分は文章を書くのは苦手なので、無理かもしれない……」と自信をなくしてしまう人もいるかもしれませんが、心配はいりません。**よい文章を書くためには、何か特別な才能がいるわけではないのです。**「文章を書くときの手順」や「外してはならないポイント」などを確実に理解しておけば、入試担当者に「ぜひ会ってみたい」と思わせる文章を書くことができます。
　この本では、その点を基礎からていねいに解説していきます。

志望理由だけじゃない
出願書類にあるいろいろな記入欄

「志望理由書」や「自己推薦書」などにはどのようなことを書く欄があるのでしょうか。

大きく分けると、以下のパターンに分類できます。

- **大学を志望した理由**
  ——なぜここで学びたいのか

- **高校時代のこと**
  ——学習・部活動・生徒会活動・ボランティアなどにどう取り組んだか

- **大学に入ったあとのこと**
  ——大学に入ったあとに何をしたいのか、どういう姿勢で取り組むのか

- **卒業後のこと**
  ——就きたい仕事、将来の夢

- **受験生自身の魅力、個性などに関わること**
  ——自己PR、長所・短所など

まず外せないのは**「大学を志望した理由」**です。そもそも「志望理由書」という名前がついているくらいですから、これは当然書く必要があります。「本学を志望する理由を述べよ」「あなたが本学で学びたいと考えた志望動機を記せ」など、聞き方はさまざまですが、要は**「なぜここで学びたいのか」**ということです。総合型選抜・学校推薦型選抜で受験する場合は、ほぼ確実に聞かれると言ってよいでしょう。「大学を志望した理由」は、超頻出の質問事項で、しかも、**その書き方についてはいろいろな誤解がありま**

す。本書では、この点について、あとで詳しく説明します。

「**高校時代のこと**」の質問例としては、「高校時代どのように学習に取り組んできたか」「部活動や生徒会活動でどのような成果をあげたか」「ボランティア活動・社会活動に取り組んだ経験について」などが挙げられます。学業面はもちろんですが、課外活動なども含めて、何に取り組んだのか、どういう姿勢で取り組んだのか、成果はどうだったのか、などについて聞かれます。

「**大学に入ったあとのこと**」についても、もちろん聞かれます。たとえば、「入学後にどのような研究に取り組みたいか述べよ」「入学後の学習計画を記せ」といった指示があります。入試担当者としては、今までのことだけではなく、大学に入ってからのことも知りたいのです。

そして、「**卒業後のこと**」についても聞かれることがあります。「あなたは卒業後にどのような仕事に就きたいと考えるか」「将来の進路・夢について書きなさい」といった質問です。大学生活のことだけでなく、卒業後のことについてどのように考え、どういうビジョンをもっているかを考えておく必要があります。

このほか、「**受験生自身の魅力、個性などに関わること**」として、「自己PR」や「あなたの長所と短所」などを記入するケースもあります。受験生の魅力や個性、内面について掘り下げて知りたいという意図があります。

このように、大きく分けると5つのパターンがありますが、**実際に何を書かせるかは大学によってまちまちです**。たとえば、志望理由と、高校時代のこと、将来の目標について書かせる大学もありますし、志望理由のみを書かせる大学もあります。「志望理由」は、ほぼ確実に聞かれますが、それ以外のテーマも質問される頻度が低いわけではないのです。いずれもよくあるテーマなので、書き方をマスターしておく必要があります。

出願書類には、どのくらいの分量を書くのか

先に述べたように、出願書類に書く分量は大学ごとに大きく異なります。

短いものであれば、**1 項目につき200〜300字くらい**です。しかし、長いものでは**1 項目で1000〜1500字**、場合によっては**2000字程度**書かせるところもあります。これだけ長くなってくると、しっかりと構成を考えたうえで書いていく必要があります。

また、記入欄には、2つのタイプがあります。

1つは、**字数指定があるタイプ**です。マス目の用紙を用意して「本学文学部を志望する理由を1000字以内で述べよ」というように、はっきり字数を指定しているものです。この場合は、**原稿用紙のルールに従って書いていきます**。

字数指定があるタイプの解答欄（マス目）

志 望 理 由 書

氏　名	
高校名	

本学文学部を志望する理由を1000字以内で述べよ。

もう1つは、**字数指定がないタイプ**で、自由枠や罫線の記入欄になっています。先ほどの例で言えば、具体的な字数を指定せずに「本学文学部を志

望する理由を述べよ」とだけ指示されます。このような場合は、読みやすい大きさの字で、記入欄に収まるように書いていきます。いろいろなことを書きたいあまりに、小さな字でたくさん書き込む人がいますが、**読みやすさにも気を配る必要があります。**

■ 字数指定がないタイプの解答欄（罫線）

志 望 理 由 書

志願者氏名　＿＿＿＿＿＿＿＿＿＿＿＿＿＿＿

本学文学部を志望する理由を述べよ。

大学・学部・学科について、しっかり調べておく

　相手を知らずして「志望理由書」を書くことはできません。

　そこで、まずは**志望する大学・学部・学科のことをしっかり調べておく**ことが大事です。志望する大学・学部・学科にはどのような特徴があるのか、たとえば、どのような講義やゼミがあるのか、どのような先生がいてどういう分野を専門としているのか、研究設備にはどのようなものがあるか、大学の求める学生像は何か、留学生の比率はどうなっているか、などです。

　大学案内や**大学のウェブサイト**、**募集要項**などにさまざまな情報が載っていますから、よく目を通して、気になったところにはチェックを入れておきましょう。あとで志望理由などを書くときに役立つはずです。

入試スケジュール
（総合型選抜・学校推薦型選抜・一般選抜）

　総合型選抜・学校推薦型選抜・一般選抜は、おおむね以下のような流れで進行します。**大学によって違いがありますので、注意してください。**

入試スケジュール表

	国公立大学			私立大学			
	総合型選抜	学校推薦型選抜	一般選抜	総合型選抜	学校推薦型選抜	共通テスト利用	一般選抜
7月							
8月							
9月	出願			出願			
10月	試験		共通テスト出願	試験	出願	共通テスト出願	
11月	合格発表	出願		合格発表	試験		
12月		試験　合格発表			合格発表		
1月			共通テスト2次出願			共通テスト出願	出願
2月			前期試験中期試験後期試験			合格発表	試験
3月			合格発表				合格発表

16

まずは自己分析から始めよう

「志望理由書」や「自己推薦書」を書くにあたって、まずは、自分自身のことを知るために**「自己分析」**をしておきましょう。書類を書くための材料集めです。

先ほどの「出願書類にあるいろいろな記入欄」のパターンに沿って、**自分自身の興味関心や長所・短所などを考えることから始めましょう。**

自己分析シート

● 大学・学部(学科)を志望した理由

Q 志望する学部(学科)は?

A _____

Q その学部(学科)を志望した理由は?

A _____

Q 志望する大学は?

A _____

Q その大学を志望した理由は?

A _____

● 高校時代のこと

Q 学業面で頑張ったことは?

A _____

Q 学業面以外（部活動や課外活動）で頑張ったことは？

A _____

● 大学に入った後のこと

Q 大学に入ったらどのような研究をしたいか？

A _____

Q どのような計画を立てて学んでいくか？

A _____

● 卒業後のこと

Q 将来どのような仕事に就きたいか？

A _____

Q 大学で学んだことをどのようにいかしていくか？

A _____

● 受験生自身の魅力、個性などに関わること

Q 自覚している長所と短所は？

A _____

Q 自分が一番アピールしたい点は？

A _____

志望理由書を
書くときに
必ず押さえたいこと

自分自身のことを振り返り、
志望する大学・学部（学科）のことをしっかり調べたら、
「必ず押さえたい3つのポイント」を学びましょう。
この3つのポイントを押さえることで、
圧倒的にわかりやすい文章になりますよ。

3つのポイントを押さえれば、文章は一気にわかりやすくなる

ポイントを押さえていない書き方では、熱意が伝わらない

　ここからは、いよいよ**「志望理由書」や「自己推薦書」の書き方**について、解説していきます。

　私の塾でも「志望理由書」や「自己推薦書」の作成指導を行っていますが、受験生の答案を見ると、文章を書くときのポイントが身についていないな、と感じることが多くあります。「大学で学びたいと考えていること」にしても、「高校時代に頑張ったこと」にしても、**せっかくよい材料をもっているのに、それをいかしきれていない**のです。たとえば、聞かれていることから話がそれてしまったり具体性が弱かったり……。これでは、その人の熱意を読んでいる人に伝えきれません。

　多くの受験生は、「第三者が読むこと」を意識して書けていません。自分のことを何も知らない入試担当者が、文章から受験生の能力・人柄を判断するのですから、何よりも、**第三者が読んで理解できるように書かなければなりません。**

　私が以前指導したある受験生は、学業も部活も頑張り、さらにはボランティア経験もあり、と書くべき材料をたくさんもっていました。しかし、アピールすべきポイントが何か、どう表現すれば相手に伝わるのかがわかっていないため、せっかく書いた答案からは、本人の魅力が十分に伝わりませんでした。

そこで、私のほうから、「こういう点に気をつけるといいですよ」と、書き方のポイントを指導すると、文章が見違えるほどよくなりました。本人も**「はじめの答案とは、全然印象が違います！」**と驚いていました。

また、逆のケースとして、**あまりアピールできるような材料がない**という受験生もいます。その場合も、**書き方次第で挽回することが可能です。**材料の見つけ方と、少ないながらも見つけた材料を最大限効果的に表現する方法を教えます。すると、他の人と遜色ないくらいの答案ができあがります。

文章を書くときには、押さえておくべきポイントがあるのです。それを知らずに書いたのと、知ってから書いたのとでは大きな違いが生まれます。ぜひともそのポイントを身につけて、「第三者に伝わる文章」を書けるようになってください。

必ず押さえておきたい3つのポイント

「志望理由書」や「自己推薦書」を「第三者に伝わる文章」にするためには、**「必ず押さえておきたい3つのポイント」**があります。

1　設問の指示を正確に理解する

2　直接的な答えを示す

3　「理由」や「具体例」で補強する

これらをしっかりと頭に入れて書くことで、文章のわかりやすさが一気に高まります。

それではさっそく、それぞれについて解説していきましょう。

設問の指示を正確に理解するって、どういうこと？

出願書類に書かれている指示をきちんと読まないままに答えているケースは、実はとても多いのです。
指示を守っているつもりでも、勘違いしていることもよくあります。

指示を理解していない答案は評価されない

すべての記入項目には、「こういうことについて書け」という指示があります。たとえば、「本学を志望する理由を書きなさい」「あなたが高校時代に力を入れたことについて述べなさい」といった指示書きがこれにあたります。

当然のことながら、その指示をよく理解し、それに沿って書かなければいけません。「そんなことは当たり前でしょ」と思うかもしれません。しかし、私の経験上、**設問の指示に従って書いている人は半分もいません**。

次のような設問の例で考えてみましょう。

設問

高校時代の学業について、主体的に取り組んで成果を上げたことを述べてください。

イマイチ
答案例

　私は高校時代に数学の勉強に取り組み成果を上げました。入学当初は、苦手意識もあり、数学の成績が思わしくない時期がありました。その後、学校の先生から勧められた問題集や参考書を活用するようにしました。問題集や参考書を通じて、さまざまな難しい問題に触れました。高校3年間数学の勉強に取り組むことで、数学への関心が高まりました。これが私の学業で取り組んで成果を上げたことです。

　この答案は、文章そのものには問題はありません。しかし、決定的に弱い点があります。それは、**設問にある「主体的に」という指示に対応していないこと**です。

　「主体的に」とはどういう意味でしょうか？　それは**「誰かから言われたからではなく、自分の意思で」**という意味です。**そのニュアンスが、この答案からは感じられません。**ただ単に「こういうことに取り組みました」と書いているだけです。

　大学側としては、「この人はどのように自分の意思をもって物事に取り組んでいるのかな」ということを知りたいからこそ、こういう設問を用意しているのです。それにしっかりと答えないと、「この人からは特に主体性を感じないな」と判断されてしまいます。

　また、この答案例には、もう1つの指示の見落としがあります。設問では**「成果」**を書くように指示しています。ですから、**「取り組んだ結果、これだけの成果が出た」**ということを明確にする必要があります。しかし、ここには「成果」と言えるものがはっきり書かれていません。しいて言えば、「数学への関心が高まりました」でしょうが、**これは成果と呼ぶには弱すぎます。**

　このように、ちょっとしたことではありますが、**指示をよく理解して書かないと、せっかく書いたものが無駄になってしまうのです。**

そこで、次のように答えたらどうでしょう。

バッチリ
答案例

私は、**自ら目標を立てて**数学の勉強に取り組み成果を上げました。入
▲主体性をアピールする表現を入れている
学当初は数学の成績が思わしくなかったため、**毎日2時間数学の学習を**
▲主体性をアピールする表現を入れている
すると決めて実行しました。また、授業でわからないことは、**必ず先生**
主体性をアピールする表現を入れている▲
に質問しました。難しい問題にぶつかっても投げ出さず、**自分で解法を**
主体性をアピールする表現を入れている▲
考えることも課しました。その結果、**はじめのころは学内でも50位程度**
▲成果を具体的に説明している
だった成績が、上位5位以内に入るまでになりました。

少し書き方を変えただけですが、「自ら目標を立てて」「毎日2時間数学
の学習をすると決めて実行しました」「必ず先生に質問しました」「自分で解
法を考えることも課しました」と書くことで、**「主体性」**がはっきり見えて
きました。これなら、大学の担当者にも「なるほど、この人は自分の意思を
もってしっかり頑張ったのだな。主体性があるな」と思ってもらえます。

また、「はじめのころは学内でも50位程度だった成績が、上位5位以内に
入るまでになりました」と書くことで、**「これだけの成果が出た」**というこ
とが相手にはっきり伝わります。

こういう答案が、「指示を正確に理解して書いている答案」です。

先ほどの答案例であれば、「まあ、一応面接するか」という印象で終わり
ますが、この答案例なら、「ぜひ、面接で話を聞きたい」という印象になる
でしょう。

書く前の段階で勝負はついている

はじめに設問の指示を読んだときに、「ああ、高校の勉強で取り組んだこ

とを書けばいいのね」という浅いレベルの理解しかしなかった人と、「『主体的』という言葉があるな。ということは、『自分からやりました』という点をアピールしないといけないな。さらに『成果』もはっきり伝える必要があるな」と考えた人とでは、大きな差がつきます。

まだ1字も書いていない段階で、半分以上勝負がついているのです。

大半の人が設問の指示をよく理解せずに書いているので、私が指導するときには**「まず、設問をよく読みなさい」**というところから始めています。**設問の指示を理解することは、答案を書くうえで最も大事なことなのです。**

「志望理由書」や「自己推薦書」は当日試験会場で書くわけではありませんから、じっくり設問を読んで考える時間があります。わかりにくい言葉があったら**辞書**を引いてその意味を確認することもできます。というよりも、面倒くさがらずに辞書を引くようにしてください。今回出てきた「主体性」という言葉は、その意味はわかっているようでも、いざ問われると正確には説明できないのではないでしょうか。**設問は何度も読み、「何を聞いているのか」をしっかり理解するようにしましょう。**

「志望理由を書け」という設問で指示されていることは何か？

総合型選抜・学校推薦型選抜では、ほぼ確実に「志望理由」を聞かれます。では、**「志望理由」では何を書くことが指示されているのでしょうか。**とても大事なキーワードですので、よく考えてみます。なお、「志願理由」や「志望動機」など、大学によっては多少表現が違う場合もありますが、同じと考えて問題ありません。

たとえば、「○○大学理学部を志望する理由を述べよ」という設問には、**2つの意味**が込められています。

まず理学部への入学を志望するということは、さまざまな学問の分野の中から、**「その学部を選んだ理由」** があるはずです。たとえば、「物理学に興味があるから理学部に進みたい」とか、「宇宙の研究をしたいから理学部に行きたい」とか、そういうことです。

　一方で、理学部といっても全国にいくらでもあるわけで、○○大学への入学を希望しているということは、他の大学ではなく **「その大学に行きたい理由」** があるはずです。たとえば、「宇宙物理学の講座が充実している」とか、「研究施設が整っている」などがこれにあたります。

　つまり、「○○大学理学部を志望する理由」には、

- **なぜその分野を学びたいのか＝その学部を選んだ理由**
- **他にも大学がある中で、なぜその大学を選んだのか**

この２つの意味が入っているということです。

　実際に、文章を書くときは、

- **私はこういう理由で理学の分野に関心があり、理学部で学びたいと考えている（なぜその分野を学びたいのか＝理学部を選んだ理由）**
- **貴学はこういう面で学ぶ環境が優れているので、志望する（他にも大学がある中で、なぜその大学を選んだのか）**

　こういう形でまとめていくとよいでしょう。それが、「○○大学理学部を志望する理由」という設問に答えることになります。

なお、大学によっては、「志望理由書」というタイトルになっているものの、**記入欄にさらに細かい指示書きがある場合があります。**

たとえば、書類の頭に大きく「志望理由書」と書かれてはいても、その下の記入欄には「大学でどのようなことを学びたいかを述べなさい」といった指示が書かれているようなケースです。この場合は、直接的な指示は「大学でどのようなことを学びたいかを述べなさい」ですから、そちらの指示に従って書くようにします。

医学部、看護学部、教員養成系の学部は、志望理由と職業を関連させて書く

ここまで説明した**「志望理由」の書き方を少し変えたほうがよい場合**もあります。

医学部、看護学部、教員養成系の学部は、大学で学ぶことと将来の職業が直結しています。当然のことながら、学部(学科)を選んだ理由は、「医師を目指しているから」「教師になりたいから」などになるはずです。そこで、たとえば、「○○大学医学部を志望する理由」を書くときには、次のような流れにするとよいでしょう。

● 私はこういう理由で医師になりたいと考えており、医学部で学びたい(医学部を選んだ理由)

● 貴学はこういう面で学ぶ環境が優れているので、志望する(他にも大学がある中で、なぜその大学を選んだのか)

医療系の学部に限らず、理系の学部は、比較的将来の仕事と大学で学ぶ内容がつながりやすいので、将来の仕事のイメージが固まっている人は、上記のような書き方をするとよいでしょう。

また、文系の学部でも、「私は弁護士になりたいから法学部に進みたい」というように、**就きたい職業がはっきり決まっていて、大学で学ぶ内容と職業が直結している場合は、「職業」と「志望理由」を関連させて書いていくことができます。**

将来の仕事と大学で学ぶ内容がつながりやすい学部の例

- 医療系の学部：医師、看護師、薬剤師、理学療法士など
- 法学部：弁護士・検察官・裁判官など
- 教育学部：小学校教諭・中学校教諭・高校教諭・特別支援学校教諭
　　　　　　など
- 心理学部：臨床心理士・心理カウンセラーなど

　しかし、**それ以外の場合には、将来なりたいものを書けという指示がない限り、無理に職業と関連させて書く必要はありません。**高校３年生の時点で就きたい職業が決まっていなくてもまったく不思議ではありませんし、就きたい職業はこれから先いくらでも変わりうるからです。また、文系の場合、大学で行っている「学術研究」と企業で求められる「実務」との間にはかなりのギャップがあります。たとえば、大学で経済学を学んだとして、その知識が貿易会社や金融機関で仕事をするうえでそのまま活用できるかというと、それはまた別の問題です。実際、事務系職種の採用では、大学で学んだ分野を問わずに募集をかけることがほとんどです。

　以上のことから、志望理由を就きたい職業と関連させて書くかどうかは、**自分自身の将来の仕事のイメージが固まっているか、大学で学ぶ内容と職業が直結しているか**を考慮して判断するようにします。

指示は1つだけの場合もあれば、複数の場合もある

設問によっては、**その指示がやや複雑な場合**もあります。
次の例を見てみましょう。

| 設問 |

あなたは大学でどのようなことを学びたいか、その理由は何かを述べなさい。また、学んだことを将来どのようにいかしたいと考えるか、述べなさい。

ここでは、指示が複数あるので、整理しておく必要があります。

①大学でどのようなことを学びたいか

②その理由は何か

③学んだことを将来どのようにいかしたいと考えるか

　この設問では、上記の3つの内容を書くように指示されているため、①・②・③を順番に書きます。1つでも取りこぼすといけないので、**設問を読んだ際に、答えるべきことがいくつあるのかを考えるようにします。**

　では、次のような設問の場合はどうでしょう。

| 設問 |

あなたが課外活動で頑張ったことについて、苦労した点も含めて述べてください。また、その中で学んだことや得たことについてもあわせて述べ、その経験が今後の大学生活にどのようにいきるかを述べてください。

かなり複雑になりましたが、整理できるでしょうか。まず、設問は前半と後半に分かれます。

設問 前半

あなたが課外活動で頑張ったことについて、苦労した点も含めて述べてください。

設問 後半

また、その中で学んだことや得たことについてもあわせて述べ、その経験が今後の大学生活にどのようにいきるかを述べてください。

それぞれについて、さらに細かく見ていきます。

設問 前半

あなたが課外活動で頑張ったことについて、苦労した点も含めて述べてください。

ここでは、「課外活動で頑張ったこと」を書くというのが直接的な指示ですが、「苦労した点も含めて述べ」るという条件がつけられています。つまり、単に「ソフトボール部の練習を休まずに頑張った」では不十分で、「どんな点で苦労したのか」を書かなければならないということです。たとえば、「未経験だったため、はじめは球の投げ方などがわからず大変苦労したが、それを乗り越えるためにこういうことを頑張った」というような話です。

設問の前半を整理すると次のようになります。

①課外活動で頑張ったこと
条件 苦労した点も含め述べる

さらに、設問の後半部分を分析してみましょう。

設問　後半

また、その中で学んだことや得たことについてもあわせて述べ、その経験が今後の大学生活にどのようにいきるかを述べてください。

ここでは、「その中で学んだことや得たこと」と「その経験が今後の大学生活にどのようにいきるか」の2つを書くように指示されています。書くことを箇条書きにしてみましょう。

②その中で学んだことや得たこと

③その経験が今後の大学生活にどのようにいきるか

以上を踏まえて整理すると、この設問では、次のようなことを聞かれているのだということがわかります。

①課外活動で頑張ったこと
　条件　苦労した点も含め述べる

②その中で学んだことや得たこと

③その経験が今後の大学生活にどのようにいきるか

①・②・③を順番に書いていくことになりますが、①を書くときには「苦労した点も含め述べる」という条件がついているということです。

これを踏まえて、答案を書いてみましょう。

　私は、高校ではソフトボール部に所属し、1回も休むことなく練習に
参加した。
　　≫①の内容（課外活動で頑張ったこと）
ソフトボールは未経験だったため、はじめは球の投げ方など
　　　　　　　　　　　　　　　　　≫「苦労した点」
がわからず大変苦労した。しかし、先輩方のフォームを見て研究し、家
に帰ってからも自主的に投球の練習をした。その結果、少しずつコツが
つかめるようになり、3年次にはレギュラーになることができた。この
　　　　　　　　　　　　　　　　　　　　　②の内容（その中で学んだことや得たこと）≫
ことから、未経験のことであっても努力を重ねれば必ずできるようにな
るということを学び、自信になった。この経験は今後の大学生活にもい
　　　　　　　　　　　　　　≫③の内容（その経験が今後の大学生活でどのようにいきるか）
かすことができる。大学の授業や研究では、未知の分野もあるだろう。
そのような場合も決して逃げることなく、本で調べたり先生に質問した
りしてわからない点を解消し、研究をやり遂げたい。

　上記の答案例では、はじめの部分で①についての答えを書いています。そ
の中で、「はじめは球の投げ方などがわからず大変苦労した」と、「苦労した
点」について触れています。さらに、そのあとの部分で②について答え、残
りの部分で③について答えています。

　設問のすべての要素を織り込んでいることがわかりますね。これくらい
きっちりと**設問に合わせて書いていく**ということを意識しましょう。

まとめ

▶　「○○大学○○学部の志望理由」は、「なぜその分野を学びたいのか
　＝その学部を選んだ理由」と「他にも大学がある中で、なぜその大
　学を選んだのか」の2点を答案に織り込む。

▶　設問の指示を理解するのが、答案を書くうえで最も大事なこと。複
　数の指示がある場合には、書くべき内容を整理する。

2 直接的な答えを示すって、どういうこと？

設問の指示を正しく理解し、書くべき内容を整理できたら、問われたことへの「直接的な答え」を考えましょう。
これを最初に示すことで、とてもわかりやすい文章になります。

直接的な答えをズバッと示すのが、一番わかりやすい

２つ目に押さえておきたいのは、**「直接的な答えを示す」**ことです。

よく「結論から先に言う」のが上手な話し方であると言われますが、「志望理由書」などの出願書類を書くときもそれは同じです。サッと内容が理解できるように書くことが大事です。

はじめに設問に対する**「直接的な答え（＝言いたいこと）」**を書き、そのあとに「理由」や「具体例」などで補強します。

このことを、次の例で確認していきましょう。

設問

あなたが大学で研究したいと考えていることを書いてください。

　私は高校2年生のときに、ボランティアスタッフとして「子ども食堂」の活動に関わりました。「子ども食堂」には、貧困で十分に食べることができない子どもたちがたくさん来ており、私は身近なところにこのような問題があることを知って、とても驚きました。子どもたちの貧困をなくすためにどのような取り組みができるか研究したいと考えています。

　この設問では、「大学で研究したいと考えていること」を聞いていますが、上記の答案例では、最後の最後でやっとその答えが出てきます。これでは言いたいことがなかなか伝わりません。読み手がサッと理解できるように、**冒頭で「直接的な答え」を示し、そのあとに詳しい内容を説明します。**

　私が大学で研究したいのは、「子どもの貧困」の解決策です。私は、高
　▲「直接的な答え」が先に書かれている　　　　　　　　そう考えた理由≫≫
校2年生のときに、ボランティアスタッフとして「子ども食堂」の活動に関わりました。「子ども食堂」には、貧困で十分に食べることができない子どもたちがたくさん来ており、私は身近なところにこのような問題があることを知って、とても驚きました。子どもたちの貧困をなくすためにどうすればよいのか、研究したいと考えます。

　これならば、はじめに設問に対する「直接的な答え」が書かれているので、**読んでいる人はすぐに理解できます。**
　また、聞かれていることの答えを冒頭にもってくると、設問にダイレクトに答える形になるので、**設問の指示からそれにくくなるという効果もあります。**

言いたいことが複数ある場合は、はじめにそのことを伝える

設問の内容によっては、その答えとして**言いたいことが複数ある**場合もあるでしょう。たとえば、「あなたの長所」について聞かれたときに、2つのことを言いたいというような場合です。

次の例を見てみましょう。

設問

あなたの長所について述べなさい。

　私は、高校1年生のときに簿記の資格を取ることを決めたが、勉強を始めたばかりのころはとても難しいと感じた。しかし、簡単に投げ出したくないと考え、毎日自宅で1時間以上勉強を続け、少しずつ理解できるようになった。通学で電車に乗っている時間は参考書を読むことにあてるなど、時間をうまく活用して合格することができた。学校で文化祭や体育祭などが行われるときには、率先して役員を引き受けている。リーダーとして、どのような企画がよいか生徒の意見を聞き、意見が分かれたときは話し合いの場をもって、皆が納得できるような行事の運営を心がけている。

　この答案例は、メリハリがなくだらだら話が進んでいるので、書いてあることがサッと頭に入ってきません。要は、「粘り強さ」と「リーダーシップがあること」の2つを言いたいわけですから、**冒頭に「2つの長所があるのだ」**と書いておきます。

私の長所は2点ある。
▲ 2つ説明すると最初に宣言している

1つ目は「粘り強さ」だ。私は高校1年生のときに簿記の資格を取る
▲ 1つ目の「直接的な答え」を書いている　　　　≫具体例

ことを決めたが、勉強を始めたばかりのころはとても難しいと感じた。

しかし、簡単に投げ出したくないと考え、毎日自宅で1時間以上勉強を

続け、少しずつ理解できるようになった。通学で電車に乗っている時間

は参考書を読むことにあてるなど、時間をうまく活用し合格することが

できた。

2つ目は「リーダーシップがあること」だ。私は、学校で文化祭や体
▲ 2つ目の「直接的な答え」を書いている　　　　≫具体例

育祭などが行われるときは率先して役員を引き受けている。リーダーと

して、どのような企画がよいか生徒の意見をよく聞き、意見が分かれた

ときは話し合いの場をもって、皆が納得できるような行事の運営を心が

けている。

　最初に、「私の長所は2点ある」と書くことで、読む人は「今から2つの

話が出てくるのだな」と、頭の中で話の流れを整理することができます。

　さらに、それぞれの長所を書くときに、「1つ目は『粘り強さ』だ」「2

つ目は『リーダーシップがあること』だ」と、**はじめに「直接的な答え」**

を書いてしまいます。このように、話の順序と区切りを明確にすると、と

てもわかりやすくなります。

まとめ

> はじめに「直接的な答え(=言いたいこと)」を書き、そのあとに「理由」や「具体例」などを続ける形で書いていくと、理解しやすくなる。

> 書きたいことが複数ある場合には、冒頭でそれを宣言したうえで、それぞれの「直接的な答え」を書いていくと、わかりやすい。

3 「理由」や「具体例」で補強するって、どういうこと?

「志望理由書」や「自己推薦書」では、自分のよいところを存分にアピールしたいものです。
説得力をもたせるために、「理由」や「具体例」を盛り込みます。

「理由」や「具体例」があって、人は初めて納得する

　3つ目に押さえておきたいのは、**「理由」や「具体例」で補強する**ということです。

　「志望理由書」「自己推薦書」とは、自分の意欲、能力、実績を売り込むための書類です。自分はこれだけ学ぶ意欲がある、高校時代にこれだけのことをやってきた、将来に対してこういうビジョンをもっている、といったことを伝えるのが目的です。このとき、**言いたいことに対する裏付けとなる「理由」や「具体例」を必ず書く**ようにします。

　たとえば、「私は高校時代、積極的な姿勢で学業に取り組んできました」と言いたいのなら、**なぜそう言えるのか、「理由」や「具体例」を示してもらわないと納得することができません。**
　このときに、「学業の面では毎日2時間の自宅学習を自分に課し、その日に習ったことは必ず復習しました」「得意とする英語では、検定試験に挑戦し、英語検定2級に合格することができました」というように、裏付けとなる「具体例」が書いてあれば、「なるほど、積極的な姿勢で学んできたん

だな」と納得できます。

　このように、**他者を納得させるためには、裏付けとなる「理由」や「具体例」が必要なのです。**

　他の事例でも考えてみましょう。

● **「３年間、部活動に力を入れ、周りの人と協力して物事に取り組むことを学び、成長しました」**

　(?) 「周りの人と協力し」とは、具体的に何をどうしたのか？　その結果、具体的にどのように成長したのか？

● **「私はボランティア活動に取り組み、とても大きな学びを得ました」**

　(?) ボランティアでは、具体的にどういう役割を果たし、どんな学びを得たのか？

　(?) これまでの自分と比べて、具体的に何がどう変わったのか？

● **「貴学は国際色が豊かで、ぜひ進学したいと考えています」**

　(?) 「国際色が豊か」とは、どういう理由から判断したのか？

　３つとも、はじめの一文だけを書いて終わってしまうと、それぞれに示したような疑問が残ります。**この疑問を解消する「理由」や「具体例」を書かないと、説得力のない空疎な文章になってしまいます。**

　この、「理由」や「具体例」を書くということも、実は多くの人ができていません。**言いたいことを裏付ける「理由」や「具体例」まできちんと書く**ということを意識しましょう。

その答案、「具体的」に書けている？

　出願書類に書ける字数には限りがありますが、その中でも、**言いたいことの裏付けにあたる部分はできるだけ「具体的」に書かなければ伝わりません**。

　次の例で考えてみましょう。

　　設問

高校時代にどのような姿勢で物事に取り組んだかを述べよ。

**イマイチ
答案例**

　　私は高校時代、何事にも前向きに取り組んできた。学業の面ではいつも積極性を忘れず、目標とビジョンを持って努力してきた。部活動でも、周囲の人とコミュニケーションを取り、周りの人を巻き込むことで、活動に貢献できた。

　この答案例は、「高校時代、何事にも前向きに取り組んできた」ということを言いたいのですが、**その裏付けとなる部分が抽象的でとても弱い**のです。書いた本人は、「具体例」のつもりでも、「具体例」がまったく「具体的」ではありません。

　「いつも積極性を忘れず」とは、具体的にどういうことか？　「目標とビジョンをもって努力してきた」とは、具体的にどうしたのか？　「周囲の人とコミュニケーションを取り、周りの人を巻き込む」とは、具体的に何をしたのか？　**この答案からは何もイメージできません**。

　「具体例」を書くときのポイントは、**「数字」**や**「目に浮かぶような描写」**を盛り込むことです。

- 「目標とビジョンをもって努力してきた」
  - ➡ 「『期末テストでは英語で80点以上を取る』という目標をもって努力し、達成できた」

このように「数字」を入れると、「なるほど、そういう目標を立てたのか」と読み手の頭にはっきりとイメージが浮かぶので、努力や成果を正確に伝えることができます。

また、自分の行動の説明をするときには、何をどうしたのかが目に浮かぶように描写します。

- 「いつも積極性を忘れず」
  - ➡ 「授業中は必ず発言するなど、積極的な姿勢を心がけた」

- 「周りの人を巻き込むことで、活動に貢献できた」
  - ➡ 「練習内容を改善するためのミーティングを提案した」
  - ➡ 「学年に関係なく意見を出し合う機会を作った」

これらの改善点を反映させ、次のように直してみましょう。

バッチリ
答案例

　私は高校時代、何事にも前向きな姿勢で取り組んできた。学業の面では、授業中は必ず発言するなど、積極的な姿勢を心がけた。また、学期
　　　　▲具体的な表現（目に浮かぶような描写）を入れている
のはじめに「期末テストでは英語で80点以上を取る」という目標をもっ
　　　　▲具体的な表現（数字）を入れている
て努力し、達成できた。部活動では、練習内容を改善するためのミーティングを提案するなど、周りの人を巻き込んで行動した。学年に関係な
　　　　　　　　　　　　　　　　▲具体的な表現（目に浮かぶような描写）を入れている
　　　　　具体的な表現（目に浮かぶような描写）を入れている▲
く意見を出し合う機会を作ることでコミュニケーションが活発になり、
部活動に貢献することができた。

　　　　　で強調した部分のような**具体的な話**が入ることで、かなり状況がイメージできるようになりました。これによって、「なるほど、たしかに前向きに取り組んだのだな」と、採点者も納得します。このように、**言いたいことの裏付けはとにかく「具体的」に、「数字」や「目に浮かぶような描写」を盛り込み、はっきりとイメージがわくようにする**ことが重要です。

「あいまいな表現」→「具体的な表現」の例

例　私は高校時代、教育関係のボランティアをしていました。活動は、私自身かなり頑張ったと感じています。子ども達の反応を見ることで、私もとてもうれしい気持ちになりました。

↓

私は高校時代、**小学生の学習支援のボランティア**をしていました。**週1回、近くの公民館で子どもたちに、算数や理科を教えました。子どもたちが「解けるようになったよ」と笑顔で話してくれたと**きは、私もとても嬉しい気持ちになりました。

まとめ

▶ 答案の「言いたいこと」にあたる部分には、必ず「理由」や「具体例」を入れて、読んだ人を納得させる。

▶ とにかく「具体的」に、「数字」や「目に浮かぶような描写」を盛り込み、はっきりとイメージがわくようにする。

4 どのような手順で書いていくの？

必ず押さえておくべき3つのポイントがわかったら、「志望理由書」や「自己推薦書」を書くための土台はすでにできています。
これらをしっかり意識して書きましょう。

改めて整理すると、「志望理由書」や「自己推薦書」を書く際のポイントは以下のようになります。

1　設問の指示を正確に理解する

2　直接的な答えを示す

3　「理由」や「具体例」で補強する

実際に答案を書いていくときも、この順番で進めていきます。「1」〜「3」の順に下書きメモを作って材料を集め、最後に文章としてまとめます。一連の手順については、 PART3 と PART4 で詳しく解説します。

ここでは、気をつけるべき点を「チェックリスト」にまとめておきます。文章を書く際に、必ず確認しましょう。

チェックリスト

1 設問の指示を正確に理解する

☐ 設問の指示がいくつあるのかを確認したか

- ☐ 聞かれたことに対して、順番に答えられているか
- ☐ 設問の中のキーワードの意味を正確に理解して答えているか
- ☐ わからない言葉は、辞書を引いて意味を確認したか

2 直接的な答えを示す

- ☐ 聞かれたことに対する「直接的な答え」を、はじめに書いているか
- ☐ 言いたいことが明確になっているか
- ☐ 1つの設問に対して、複数の「言いたいこと」があるときは、「1つ目は……」「2つ目は……」という形で書き、話の区切りと順番を明確にできているか

3 「理由」や「具体例」で補強する

- ☐ 言いたいことを、「理由」や「具体例」で補えているか
- ☐ 「数字」や「目に浮かぶような描写」を入れて、はっきりとイメージがわくような書き方ができているか
- ☐ 「あいまいな表現」が「具体的な表現」に置き換えられているか

まとめ

▶ 「志望理由書」や「自己推薦書」で必ず押さえておきたい3つのポイントを踏まえて、
    1 設問の指示を正確に理解する
    2 直接的な答えを示す
    3 「理由」や「具体例」で補強する
という順番で下書きメモを作り、最後に文章としてまとめる。

5 知っておこう 答案を書くときに気をつけたい 基本事項

「3つのポイント」が押さえられていても、基本的なところでミスをしてしまっては、高評価を得ることはできません。
些細なミスが命取りにならないように、今一度確認をしてください。

そのほか、出願書類を書くときに気をつけたいことがいくつかあります。基本的なことですが、しっかりチェックしましょう。

原稿用紙のルールに従う

原稿用紙(マス目)タイプの記入欄の場合は、**原稿用紙のルール**を守ります。数字や英文字の書き方や句読点の打ち方などのルールに注意しましょう。

■ 原稿用紙のルール(注意すべきポイント)

	私	は	大	学	で	世	界	の	貧	困	問	題	を	解	決	す	る	方	策
に	つ	い	て	研	究	し	た	い	。	un	ic	ef	が	出	し	た	資	料	に
よ	る	と	世	界	の	子	ど	も	の	6	人	に	1	人	が	貧	困	状	態
に	あ	る	。	子	ど	も	は	次	世	代	を	支	え	る	存	在	で	あ	り
少	し	で	も	こ	の	よ	う	な	状	況	を	改	善	す	る	方	法	を	探
っ	て	い	き	た	い	。													

❶各段落の冒頭は1マスあける

　段落の冒頭は必ず1マスあける決まりになっています。改行したら、次の行のはじめは1マスあけます。

❷句読点(、)(。)も1マス使う

　句読点(、)(。)や「　」(カギ括弧)も1マス使います。ただし、句点(。)と閉じ括弧(」)は同じマスに入れます。また、「……」や「——」は2マスぶん使います。

例

❸アルファベットを書く場合は、大文字は1マスに1字、小文字は1マスに2字入れる

例　| W | or | ld |　　| fr | ie | nd | s |

❹数字は1マス使う。ただし、2桁の数字は1マスに入れる。3桁の場合は2マスに分けて書く

例　| 10 |　　| 20 | 23 |　　| 50 | 0 |

❺句読点(、)(。)や閉じ括弧(」)が最後のマスにきたときには、直前の文字と一緒に書き入れる

例　　　| 『 | 万 | 葉 | 集』 |

❻小さく書く「っ」や「ゃ」「ゅ」「ょ」なども1マス使う

　小さく書く「っ」や「ゃ」「ゅ」「ょ」などが最後のマスにきても、直前の文字と一緒に書き入れてはいけません。

読みやすい字で書く

　出願書類は、パソコンで書いて提出する大学もありますが、手書きの書類を提出する大学が多いようです。「志望理由書」や「自己推薦書」は、入試担当者に少しでもよい印象をもってもらうための書類です。当然のことながら**「読みやすい字」**で書きたいものです。私自身も癖字なのでほめられたものではありませんが、ここで言う「読みやすい字」というのは字の「上手・下手」とは違います。**たとえ下手であっても「読みやすい字」で書くことは可能です。**

　では、「読みやすい字」とはどんな字かというと、それは**「形を崩さず、濃く大きく書かれた字」**です。

　答案の採点をしているとわかるのですが、非常に読みづらい字があります。その代表は、**「形を崩した字」**です。もとの形がわからないくらい崩れているので、読み取るのに苦労します。また、**「透かしのような薄い字」**も読みづらいものです。

　読み取れない文字は書いていないものとして取り扱われますので、**採点者が読む気をなくすような字は書かないようにしましょう。**ちょっと気をつけるだけでできることですから、「形を崩さず、濃くはっきりとした字」を書くことを心がけてください。

適切な大きさの字で書く

　字の大きさについては、原稿用紙タイプの記入欄ならマス目に合わせればよいのですが、罫線のタイプの記入欄や、空欄の中に記入するタイプのものもあります。この場合は少し迷うかもしれませんが、記入欄には「あなたが高校時代に頑張ったことを記入しなさい」といった指示が書かれています。**この「指示書きの字よりやや大きいくらいの字」を目安にして書きます。**

■ 適切な大きさの字の例

あなたが高校時代に頑張ったことを記入しなさい。

　　私が高校時代に頑張ったことは、生徒会活動です。高校2年生のときに初めて生徒会の選挙に立候補し、当選することができました。学校をよりよくしていくために……

指示書きの字よりやや大きいくらいの字
で記入する

一文は短いほうが読みやすい

　一文が長くなると、つながりがわかりづらくなり、読みにくくなってしまいます。目安としては、**一文が100字を超えないように、途中で文を切るようにします。**

　次の例を見てください。

| 設問 |

あなたは、なぜ大学で教育学を研究したいのか。理由を述べなさい。

　私が教育学を研究したいと考えたのは、高校2年のときにアメリカに1年間留学したことがきっかけであるが、アメリカの学校教育では個人の自立を尊ぶ姿勢が強く、日本の高校までの教育のあり方とはとても違うということに驚き、「日米の教育の違い」が、私が大学で研究したいテーマとなった。

　この答案例では、「アメリカに留学したこと」「アメリカと日本の教育の違い」「大学での研究テーマ」の3つの要素が一文で書かれ、とても読みにくくなっています。このような場合には、**要素ごとに分割するようにします。**

　私が教育学を研究したいと考えたのは、高校2年のときにアメリカに
≫アメリカに留学したこと
1年間留学したことがきっかけだ。アメリカの学校教育では個人の自立
≫アメリカと日本の教育の違い
を尊ぶ姿勢が強く、日本の高校までの教育のあり方とはとても違うということに驚いた。このことから、「日米の教育の違い」が、私が大学で研
≫大学の研究テーマ
究したいテーマとなった。

　一文を1つの内容で完結したことで、意味がとらえやすくなりました。文と文をつなぐときには、必要に応じて**接続表現**を使うようにしましょう。

200～300字くらいで改行する

　たとえば、500字以上もある文章が1段落で書かれているなど、改行なしの長文はとても読みにくいものです。これは、字数指定がない自由枠や罫線

のタイプの記入欄に文章を書くときにやりがちです。手書きの場合は改行が少ないと特に読みにくいので、適宜改行します。

改行する際は、話のかたまりごとに分けていくとよいでしょう。

200〜300字くらいで改行すると読みやすくなるので、800字であれば3〜4段落程度にするイメージです。

文体はどうすればよいか

出願書類は**「です・ます」調**で書くべきか、**「だ・である」調**で書くべきか、というのもよくある質問です。小論文の場合は、「論文」ですから、「だ・である」調の締まりのある表現で書いた方がよいのですが、「志望理由書」や「自己推薦書」については**「書きやすい方で書いてよい」**というのが私の考えです。この本の答案例には、皆さんの参考にしてもらうために「です・ます」調のものと「だ・である」調のものを両方掲載しています。両者を見比べて、自分にはどちらの文体が合うかを考えてください。

ただし、「です・ます」調は、ていねいであるぶん、同じことを書いても「だ・である」調よりも少し字数を取ってしまいます。たとえば、

・私は高校3年生のときに、バレーボール部の主将を務めた。
・私は高校3年生のときに、バレーボール部の主将を務めました。

このように、同じことを書いても「です・ます」調のほうがやや長くなります。大した違いではないように思えるかもしれませんが、これが積もり積もってくるとばかにならないのです。**制限字数をオーバーした場合には、「だ・である」調で短くするのも一手です。**

なお、「です・ます」調と「だ・である」調が混じってしまうと、ちぐはぐになるので、**必ずどちらかに統一します。**

なるべく最後のほうまで書く

原稿用紙で「○○字以内」という字数指定があるタイプの記入欄の場合には、**指定された字数の9割以上を目指します。**

字数指定がない自由枠や罫線のタイプの記入欄の場合には、**余白が残らないように、なるべく最後のほうまで書く**ようにします。

大学側は、「これくらいの分量を書いてほしい」という意図をもって字数や記入欄を提示しているのですから、できるだけ埋めるようにします。

「志願先」と「自分」の呼称

そのほか、敬語表現にも気をつけましょう。志願先は**「貴学」「貴大学」「貴学部」**などと書きます。また、自分のこと(一人称)は**「私」**という書き方にします。

まとめ

- ▶ 原稿用紙のルールに従う。
- ▶ 読みやすいように、崩さない字で濃くはっきりと書く。
- ▶ 適切な大きさの字で書く。
- ▶ 一文が100字を超えないように、短く区切って読みやすくする。
- ▶ 200〜300字くらいで改行する。
- ▶ 「です・ます」調と「だ・である」調が混ざらないように統一する。
- ▶ なるべく最後のほう(指定字数いっぱい)まで書く。
- ▶ 志願先は「貴学」などと書き、自分のこと(一人称)は「私」と書く。

やってはいけない！
ありがち失敗答案
10のパターン

よくある失敗答案を紹介し、
何がまずいのかを解説します。
同じようなミスをしないようにするためにも、
失敗答案をしっかりと研究しましょう。

失敗答案は「学び」の宝庫

失敗例を通して、ポイントを確実に身につける

　よい答案を書くためには、失敗例を知っておくことが大切です。失敗答案からは、学べることがたくさんあります。

　PART1 で、「第三者に伝わる文章」を書くときのポイントを解説してきましたが、実はこれを教えても、失敗答案を書いてしまう人が続出します。この段階では、まだポイントの表面的な理解にとどまっている人が多く、本当の意味では身についていないからです。そこからさらに一歩進んで、**「ここでミスしやすいから、気をつけなければいけないな」**と、自分で答案を書くときのポイントを意識できるようになる必要があります。そうすれば、評価の高い答案が確実に書けるようになります。

　私は今までに、何千人もの答案を指導してきましたが、その中で「このパターンは今までに何度も見かけたな」と思うような**典型的な失敗例**があります。この PART2 では、そうした「ありがち失敗答案」を集めました。自分では答案の書き方がわかったと思っていても、ついついやってしまいがちな失敗があります。「自分はこれくらいのことはわかっている」と思わずに、**1つひとつの失敗例から、何がおかしいのか、どうすべきなのかを考えていきましょう**。それによって、答案を書くときのポイントを身につけることができます。

「伝え方」にも気を配ると、よい答案になる

PART
2

や
っ
て
は
い
け
な
い
！
　
あ
り
が
ち
失
敗
答
案
10
の
パ
タ
ー
ン

PART1 で述べたように、答案を書くときに**「必ず押さえておきたいポイント」**は、次の３つです。

1　設問の指示を正確に理解する

2　直接的な答えを示す

3　「理由」や「具体例」で補強する

　ただし、これ以外にも答案の評価を左右する要素があります。それは、**「伝え方」**です。具体的に言うと、志望理由書の文章としてふさわしい表現になっているか、第三者が読んでわかりやすい表現になっているか、自分自身の熱意が伝わる表現になっているか、といった点です。

　たとえば、「志望理由書」や「自己推薦書」などの自分をアピールするための書類で消極的な表現ばかりを並べても、自分のよさは伝わりません。また、自分の長所と短所を書く際に、短所を強調してしまっては、マイナスポイントしか伝わりません。**同じ内容を書くとしても、「伝え方」によって読み手が受ける印象は変わります。**

　このような「伝え方」は、答案の根幹に関わることではないので、先に挙げた３つの要素の中には入れていませんが、答案の評価に影響を与えることは間違いありません。高評価の答案を目指すうえでは、先の３つの要素に加えて、答案の「伝え方」の失敗例についても知っておき、設問に対して最もよい答えを書けるようにしておきたいものです。

　この **PART2** では、４つ目の「伝え方」も含めた、「ありがち失敗答案」を10パターン示します。**それぞれの失敗例から、問題点や改善策をしっかり学び取り、よりよい答案作成にいかしてください。**

「志望理由」を聞かれているのに、「高校時代に頑張ったこと」を書いている

自分のよいところをアピールしようと、ついつい「高校時代に頑張ったこと」を書いてしまう受験生が多いのですが、それって、「志望理由」ではないですよね？

「志望理由書」も「自己推薦書」も、自分をアピールするための書類ですが、それぞれに異なった目的があります。**「志望理由」を問われているのに、その意味をよく考えずに関係のないことを書いてしまう。**これは、非常に多い失敗です。典型的な失敗例を見てみましょう。

設問

本学経済学部を志望した理由について書いてください。

イマイチ答案例

　私は高校3年間、吹奏楽部のメンバーとして練習に打ち込んできました。平日は毎日2時間学校でメンバーと共に練習し、休みの日も自宅で2、3時間は自主練習をしました。その結果、県のコンクールで優勝し、全国大会でも5位入賞を果たすことができました。仲間と助け合い、協力して勝ち取った賞は何ものにも代えがたい財産になっています。私は高校で培った努力する姿勢を大学でもいかして勉学に励みたいと考え、貴大学経済学部を志望しました。

採点者の評価

> そんなことは聞いていません。

何が問題なの？

　聞かれていることをまったく無視して、あるいは無視していることに気づかずに、**自分の書きたいことだけを延々と書いて終わっています**。実際にこのような答案はよくあるのです。

　PART 1 でも述べたように、「○○大学○○学部の志望理由」は、その「大学・学部(学科)を選んだ理由」を書くことが目的でした。

　しかし、**この答案にはそのどちらも書かれていません**。書いてあるのは「高校時代に頑張ったこと」です。吹奏楽部で頑張ったのは素晴らしいことですが、それは、他の欄に書くか、面接で聞かれたときにアピールすればよいことです。答案の最後のほうで「貴大学経済学部を志望しました」と、無理矢理「志望理由」と結びつけていますが、読めばおかしいとすぐにわかります。

　どんなによいことを書いていても、設問で聞かれていることと違っていれば、評価の対象になりません。むしろ、「設問をよく読んでおらず、注意力がない」というマイナスの評価になってしまいます。

まとめ

▶ 「○○大学○○学部の志望理由」を聞かれたら、「なぜその分野を学びたいのか＝その学部(学科)を選んだ理由」「他にも大学がある中で、なぜその大学を選んだのか」の2点をしっかり入れる。

▶ 設問に関係のないことは書かない。

「学びたいことの内容」しか書いていない

「志望理由」を問われているので、「学びたいことの内容」を書くことは必要ですが、それだけしか書いていないのであれば、設問にきちんと答えたことにはなりません。

「志望理由」を答えるときに、他にもやりがちなミスがあります。それは、**設問の問いかけをすべて満たしていない**というものです。このミスは、設問の指示を正しく理解していないことが原因で起こります。

よくある答案例を見てみましょう。

設問

本学農学部を志望した理由を述べよ。

イマイチ答案例

　私は子どものころから生物に興味があり、特に森林の生き物に関心をもってきた。そのきっかけは、小学2年生のときである。家族で知床半島を訪れたが、植物、昆虫、魚などさまざまな生き物を観察することができた。生物のゆりかごと言われるほど多様性があり、それぞれの生き物がつながりあって生態系を支えていることを知った。私はこうした生き物の関係性を大学で学びたいと考え、貴学の農学部を志望する。

採点者の評価

> 生き物について学びたいのであれば、
> 他にもたくさん大学がありますよね。

何が問題なの？

　改めて確認しますが、「本学農学部を志望した理由」を聞かれているので、以下の2つの要素が必要です。

- **なぜ農学の分野を学びたいのか（＝農学部を選んだ理由）**
- **他にも大学がある中で、なぜその大学を選んだのか**

　この答案には、「なぜ農学の分野を学びたいのか」については書かれていますが、「他にも大学がある中で、なぜその大学を選んだのか」については、何も書かれていません。大学側からすれば、「それなら、うちじゃなくてもいいですよね」ということになります。ですから、**「この大学だからこそ」の要素を入れなければいけません。**

　そこで、次のように書いてみたらどうでしょうか。

バッチリ
答案例

　私は子どものころから森林の生き物に関心をもってきた。小学2年生のときに家族で知床半島を訪れ、植物、昆虫、魚などを観察し、それぞれの生き物がつながりあって生態系を支えていることを知った。私はこうした生き物の関係性を大学で学びたいと考えている。**貴学の農学部は**
「この大学だからこそ」の要素が書けている▲
森林生態学を専門とする先生方がおられ、大学の演習林もある。学習・研究のための環境が大変整っていることに魅力を感じており、貴学の農学部を志望する。

先ほどの答案例の「なぜその分野を学びたいのか」という部分を短くし、「なぜその大学を選んだのか」という要素を入れています（▨▨▨▨の部分）。もちろん、森林生態学を専門とする先生方がいて演習林がある大学は他にもある可能性はありますが、最初の答案に比べればずっと候補は狭まります。これなら「本学農学部」を志望した理由としてふさわしいと言えるでしょう。

　このように、大学の「志望理由」を書くときには、**「この大学だからこそできること」「この大学ならではの魅力」を必ず入れます。**そのためには、志望大学のことを詳しく調べておくことが必要です。**「志望理由」が「どこの大学でも言えること」になっていないかを、しっかりチェックするようにしてください。**

まとめ

▶ 「学びたいことの内容」だけではなく、「なぜその大学を選んだのか」がわかるように書く。

▶ 「その大学ならではの魅力」「志望する大学・学部（学科）の特徴」をしっかりと調べて、「ここでなくてはならない理由」を伝える。

▶ 「志望理由」が「どこの大学でも言えること」になっていないかを、しっかりチェックする。

3 「将来の夢」を語っただけで満足してしまっている

「志望理由」として「将来の夢」を語るのはよいのですが、それだけを書いても入試担当者には評価されません。
では、どうすればよいのか？　失敗例から学んでいきましょう。

「志望理由」について、もう１つ失敗例を見てみましょう。

これは、**自分の就きたい職業が具体的にイメージできている人がやりがちなミス**です。

設問

本学医学部を志望した理由を述べよ。

イマイチ 答案例

　私は、将来がん治療に貢献できる医師になりたいと考えている。がんは日本人の死因のトップであり、毎年多くの命ががんで失われている。一方で、新しい治療法が次々に開発されていて、希望の光が見えつつある。私は医師として最新の治療法を研究し、少しでも多くの患者さんの命を救いたい。単に病気の治療をするだけでなく、患者さんの精神的なケアを含めたトータルな医療を提供する医師になりたい。そのために、貴学で学びたいと考えている。

医師になりたいのはわかりましたが、
なぜうちの大学を志望したのかがわかりません。

何が問題なの?

　もうおわかりだと思いますが、この答案も**「本学医学部を志望した理由」という設問の意図をとらえられていません**。

　ここに書いてあるのは、「こういう医者になりたい」という「将来の夢」です。それは、「なぜその分野を学びたいのか＝その学部（学科）を選んだ理由」の説明にはなり得ますが、「なぜその大学を選んだのか」という理由にはなりません。医学部は日本全国にあります。**「この大学だからこそ行きたいのだ」という要素を何らかの形で入れなければいけません。**

　答案にその点を盛り込んで、次のようにしてみましょう。

バッチリ 答案例

　私は、将来がん治療に貢献できる医師になりたいと考え医学部を志望
　　≫医師になりたい理由
した。毎年多くの命ががんで失われている一方で、新しい治療法が次々
に開発されている。私は医師として最新の治療法を研究し、少しでも多
くの患者さんの命を救いたい。単に病気の治療をするだけでなく、患者
さんの精神的なケアを含めたトータルな医療を提供する医師になりたい。
貴学はがんの専門病棟を持ち、研究がさかんである。また、「患者さん全
　　▲「この大学だからこそ行きたいのだ」という要素が書けている
体を見た医療」を教育理念として掲げており、大変共感している。以上
の理由から、ぜひとも貴学で学びたい。

　この書き方であれば、＿＿＿で示した部分で「この大学だからこそ行きたい」と言える点が説明できているので、「本学医学部を志望した理由」と

して成立します。

この答案の前半では、「医師になりたい理由」として「がん治療をしたい」「患者さんの精神的なケアもしたい」ということを書いています。そして、後半の「この大学だからこそ行きたい理由」では、「がんの専門病棟を持っている」点と「患者さん全体を見た医療を教育理念としている」点を挙げています。

つまり、**前半に書いた「なぜその分野を学びたいのか＝その学部（学科）を選んだ理由」の話と関連する形で、後半の「なぜその大学を選んだのか」が書けています**。これによって、「この大学だからこそ行きたいのだ」という思いが伝わります。やや高度な力を必要としますが、ここまでできると、説得力のある大変よい答案になります。

学びたい分野と大学を選んだ理由をつなげる例

例　学びたい分野：特別支援教育
　▶大学を選んだ理由：貴学は特別支援教育の研究に力を入れている。この分野を専門とする先生が多数在籍している。

例　学びたい分野：宇宙科学
　▶大学を選んだ理由：貴学は、宇宙観測に必要な最新の観測機器が整えられている。この分野に強い海外の大学とも連携しており、留学などがしやすい。

まとめ

▶　答案の中に「この大学だからこそ」の要素があるかどうかを確認する。

▶　「なぜその分野を学びたいのか」と「なぜその大学を選んだのか」を関連させて、「この大学だからこそ行きたいのだ」という思いを伝える。

4 キーワードの意味を勘違いしている

設問の中には、キーワードとなる言葉があります。
その言葉の意味を正確に押さえて書かないと、ポイントがずれた答案になってしまいます。

「志望理由」以外の設問で、問題がある答案を見てみましょう。
たとえば、次のようなケースです。

設問

入学後の学習計画について述べよ。

イマイチ答案例

　私は入学後、学ぶことに対して強い意欲をもち、何事も主体的な姿勢をもって取り組んでいきたい。大学ではわからないことをそのままにせず、文献で確実に調べていく。また、失敗を恐れず、チャレンジ精神をもって研究活動に取り組んでいくことを目指す。周りの人との関係も大切にしたい。研究室の中では周囲の人とも十分なコミュニケーションを取りながら、チームで協力しあって進めて行きたい。さらに、大学が所蔵する文献なども積極的に活用し、研究で大きな成果を上げたい。

採点者の評価

で、どこに「計画」が書いてあるのですか？

何が問題なの？

　ここで書くように指示されているのは**「学習計画」**ですが、この言葉の意味をよく考えてみましょう。

　皆さんは、「計画」を立てるときには、どのようにしますか？

　たとえば、旅行の計画であれば、何時の列車に乗り、何時にどこの駅に着いて、そこから2時間くらい町を観光し……などというように、時間の流れを考えながら計画を立てていくと思います。

　このように、「計画」というのなら、「いついつまでにこれをやって、いついつまでにこれをやる」と、**時系列でやることを示すべきです。**

　ところが、この答案にはその要素がありません。ここに書かれていることは、「どのような姿勢で学習に臨むか」です。

　つまり、この答案は**「計画」というキーワードの意味を押さえられていない**のです。「計画」を聞かれて、意欲だけを書いたのでは評価されません。**設問の中に出てくるキーワードの意味を十分に考えたうえで書くようにしましょう。**

　今回のように「学習計画」を書くように指示されている場合には、「1年次に何をする、2年次に何をする、3年次に何をする、4年次には何をする……」という形で書いていくと、わかりやすくなります。

　さらに、「失敗を恐れず」「チャレンジ精神をもって」という説明では抽象的で、どのようなことをしようとしているのかがわかりません。それぞれの年次に、何をどのように学習していくのか、その内容を**具体的に説明します。**

これらを踏まえて、答案を改善してみましょう。英文科を受験するという想定で書いた答案です。

私は貴学に入学後、1年次では、教養科目を幅広く学びたい。言語学
≫1年次の計画
やイギリス史など、英文学に関連のある分野はもちろん、社会学、心理
学など関心のあるものは積極的に受講し教養を深めたい。2年次では、
≫2年次の計画
研究室に所属し英文学を研究するために必要な文献の探し方、読み方な
どの知識を習得したい。3年次では、関心のある作品を積極的に読み、
≫3年次の計画
英文学全般についての知識、教養を深めていきたい。そのうえで、4年
4年次の計画≫
次では、作品の中から掘り下げて調べたいテーマを見つけて、研究を進
めていく。これらの成果は、最終的に卒業論文としてまとめたい。

もとの答案例と比べると、その違いがわかりますね。こちらのほうは、
「計画」というキーワードの意味をしっかりととらえて書けています。

「計画」という言葉は誰もが知っていますが、設問を読んだときにその言葉の意味を真剣に考えたでしょうか。もしも特に意識せずに書き始めたら、その時点で答案の出来が決まってしまうのです。改めて、**「設問の指示を正確に理解する」**ことの大切さがわかったと思います。

まとめ

▶ 設問の中に出てくるキーワードの意味を十分に考え、設問の趣旨に合った答案になるようにする。

▶ 「学習計画」を説明する際には、「1年次は」「2年次は」「3年次は」「4年次は」というように、時系列で道筋を示すとよい。

5 答えやすいことばかりを 詳しく書いている

答えやすいことは、エピソードをふんだんに盛り込んで書きたくなりますが、それによって内容の偏りが生じないように注意する必要があります。

答案を書くときは、**字数のバランスも考えなければなりません。**
次の例を見てみましょう。

設問

あなたが高校時代に力を入れたことと、そこから学んだことを述べなさい。

イマイチ答案例

　私が高校時代に力を入れたことは、生徒会活動です。私は生徒会の会長に自ら立候補し、当選しました。生徒会長として、地域住民へのあいさつ活動や、古本の販売益を福祉施設に寄付する活動など、さまざまなことを提案し、実行しました。生徒会活動の活性化につながるとともに、地域の方たちもこれらの活動を大変喜んでくださいました。地域と学校の架け橋にもなったと考えています。この経験から、集団の先頭に立つ、リーダーシップのあり方を学びました。

「そこから学んだこと」については、
ほとんど書いてないですね。

何が問題なの?

　PART1 で述べたように、答案を書くときには、まず**設問で聞かれていることがいくつあるのか**を考えます。

　ここで聞かれていることは、「高校時代に力を入れたこと」と「そこから学んだこと」の2つです。どちらも大事なことですから、**同じくらいの字数を割いた方がよいでしょう。**

　しかし、この答案では、「高校時代に力を入れたこと」(＝活動の内容)の方にほとんどの字数を割いています。最後に、申し訳程度に「そこから学んだこと」として「この経験から、集団の先頭に立つ、リーダーシップのあり方を学びました」と書き添えています。

　地域住民へのあいさつ活動や福祉施設に寄付をする活動を提案したのはよいことなのですが、「そこから学んだこと」については、ほとんど書かれていません。また、「地域と学校の架け橋にもなった」は、「学んだこと」ではなく「感想」です。これでは、答案のバランスがよくありません。

　ですから、「そこから学んだこと」についてもしっかり字数を割くようにします。

バッチリ 答案例

　私が高校時代に力を入れたことは、生徒会活動です。私は生徒会の会
　≫高校時代に力を入れたこと
長を務め、地域住民へのあいさつ活動や、古本の販売益を福祉施設に寄
付する活動などを提案し、実行しました。これらの活動は、地域の方た
ちが大変喜んでくださいました。その中で学んだことは、リーダーシッ
　　　　　　　　　　≫そこから学んだこと

プのあり方です。新しい活動を提案するときには、反対意見も出ます。
自分がやりたい活動だからといって、押し通せば周りの人はついてきません。目的や意義を粘り強く説明し、皆の賛同を得られてこそ、活動はうまくいきます。そのような対話のできる力こそが、本当の意味でのリーダーシップだということを学びました。

≫具体例

こちらの答案は、「高校時代に力を入れたこと」「そこから学んだこと」のどちらにもきちんと字数が割かれており、バランスがよいですね。

なお、常に同じバランスで書くということではなく、**簡単に済ませてよい項目は少なめにすることもあります**。

たとえば、「あなたが就きたい職業を挙げ、その職業に就くために今後どのように努力するか述べなさい」と聞かれたとしましょう。このとき、書くべきことは、「就きたい職業」と「その職業に就くために今後どのように努力するか」です。この場合、「就きたい職業」は「私は小学校の先生になりたい」のように、話のとっかかりを提示する役割をします。ですから、「就きたい職業」のほうは簡単に書き、「今後どのように努力するか」のほうを詳しく説明したほうがよいでしょう。

このように、**複数の指示がある設問では、問われていることがいくつあるのかを確認し、設問の内容を踏まえて、字数のバランスを決定しましょう**。

まとめ

▶ まずは、設問で聞かれていることがいくつあるのかを確認する。

▶ 内容の重要度を考えて、字数のバランスを決める。

▶ そのうえで、各項目に書くべき内容を考えていく。

6 アドミッションポリシーの 丸写しは、一発でばれる

アドミッションポリシーや大学案内などには、「求める学生像」が書かれています。参考にするのはよいのですが、丸写しすると、採点者に一発で見抜かれます。

これまでに述べたこととはまったく別のところで問題がある答案もあります。

設問

自己PR文を書いてください。

イマイチ答案例

　私は学習に対して主体的な姿勢で臨むことができます。高校時代は自学自習の精神で学業に取り組んできました。また、何事にもチャレンジ精神をもって取り組むことができます。困難にぶつかっても諦めず、試行錯誤しながら物事に取り組んでいくことができます。大学入学後はこうした姿勢で学業や課外活動に取り組む決意です。

採点者の評価

これ、ほとんどアドミッションポリシーの
丸写しですよね。

何が問題なの?

　出願書類を書く際に、**大学案内やアドミッションポリシーの内容をほとんど丸写しして書いているケース**があります。

　たとえば、大学案内の「求める学生像」に、次のようなことが書かれていたとします。

・学習に対して自学自習の精神で主体的に取り組むことができる人
・何事にもチャレンジ精神をもって取り組み、困難にぶつかっても諦めず、
　物事に取り組んでいくことができる人

　これをそのまま転用して、先ほどのような答案になってしまうことがあります。多少言い回しは変えていますが、大学案内の「求める学生像」とほとんど同じですね。

　もちろん、大学案内やアドミッションポリシーなどをじっくり読んで参考にするのはかまわないのですが、**ほとんどそのまま写してしまうと、入試担当者**にはすぐにわかってしまいます。

　一方で、**適宜「引用」するレベルならかまいません**。たとえば、志望理由を書くときに「貴学の理念である『グローバルな視野をもった人材の育成』に大変共感しています」などの形で「引用」するやりかたです。ただし、なぜ、この理念に共感しているのか、「理由」も書き添えておきます。それがないと、どうしても取ってつけたような印象になってしまいます。

　そもそも、「自己PR文」あるいは「あなたの長所を述べなさい」といった設問に答えるときに、資料にある「求める学生像」をそのまま書く必要はありません。**自分自身の魅力、アピールポイントをゼロベースから考えていけばよいのです。**アドミッションポリシーに書いていないことであっても、自分が自信をもってアピールできることなら、それを書いてよいのです。

　まずは、自分でオリジナルのアピールポイントを考えたうえで、もしアド

ミッションポリシーなどと重なる部分があったら、先ほどのように、「引用」という形でアドミッションポリシーを引き合いに出すのはかまいません。

　私は、**目標をもって物事に取り組むことができます**。高校ではテニス
　　　　▲自分自身のアピールポイントを示している　　　　　　　　≫具体例
部に所属していましたが、１年生のときに「必ず県大会に出場する」と
いう目標を立てて、日々の練習に取り組みました。学校の部活動に休ま
ず参加することはもちろん、自宅でも自主練習を重ねました。練習が辛
いと感じたときは「必ず県大会に出場する」という目標を思い出し、頑
張り抜きました。その結果、３年生のときに県大会でベスト８まで進出
し、目標を達成することができました。
　　　　≫成果

　この答案は、自分の長所をゼロベースから考えたものです。しかし、答案
の中の「目標をもって物事に取り組むことができます」「練習が辛いと感じ
たときは『必ず県大会に出場する』という目標を思い出し、頑張り抜きまし
た」といった記述は、結果的に、先ほどの「求める学生像」にあった、「何
事にもチャレンジ精神をもって取り組み、困難にぶつかっても諦めず、物事
に取り組んでいくことができる人」と重なります。これでよいのです。
　アドミッションポリシーありきではなく、**自分自身のアピールポイント
を率直に書いていきましょう**。

まとめ

▶ 大学案内やアドミッションポリシー等の丸写しはしない。ただし、
適切に「引用」するのはかまわない。

▶ 自己 PR では、自分自身の魅力やアピールポイントをゼロベースか
ら考えればよい。

7 余計なことを だらだらと書きすぎている

普段の会話でも、前置きが長いと、自分の言いたいことが相手に伝わりません。
これは、「志望理由書」や「自己推薦書」も同じです。

聞かれたことに対してダイレクトに答えていない文章は、読んでも頭に入りにくいですし、よい印象を与えません。

設問

あなたが医療者に向いていると考える点を述べてください。

イマイチ答案例

　医療者は人の命を預かる尊い仕事である。そのため、医療者には向き不向きというものがある。不向きであるのにこの仕事に就いてしまったら、患者さんにとっても、自分にとってもよくないことである。だからよく考えてこの仕事を選ばなければならない。
　そこで、私が医療者に向いている点は何だろうかと考えてみた。1つは、責任感が強いということである。医療者は人の命を預かる以上、自分の仕事に責任をもたなければいけない。私は、クラスの係の仕事や掃除当番など、自分に任された仕事は決して手を抜かず、最後まで責任をもってやり遂げている。たとえ忙しいときであっても、自分が引き受けたことは必ず期限までに終えるようにしている。
　2つ目は、……

早く本題に入ってください。

何が問題なの?

　答案のはじめの部分にある、「医療者は人の命を預かる尊い仕事である。そのため、医療者には向き不向きというものがある。不向きであるのにこの仕事に就いてしまったら、患者さんにとっても、自分にとってもよくないことである。だからよく考えてこの仕事を選ばなければならない。そこで、私が医療者に向いている点は何だろうかと考えてみた」は、完全に前置きであって、**なくても何の問題もありません**。聞かれていることは、「あなたが医療者に向いていると考える点」ですから、**そこにダイレクトに答えてください**。

バッチリ　答案例

　　私が医療者に向いていると考える点は、２点ある。
　　　▲すぐに本題に入っている
　１つには、責任感が強いことである。医療者は人の命を預かる以上、
　　≫医療者に向いていると考える点（１つ目）　　　　　≫それが必要な理由
自分の仕事に責任をもたなければいけない。私は、クラスの係の仕事や
　　　　　　　　　　　　　　　　　　　　　　≫具体例
掃除当番など、自分に任された仕事は決して手を抜かず、最後まで責任をもってやり遂げている。たとえ忙しいときであっても、自分が引き受けたことは必ず期限までに終えるようにしている。
　もう１つは、勉強熱心な点である。医療者として仕事を始めたら、新
　　≫医療者に向いていると考える点（２つ目）　　　≫それが必要な理由
しい症例について学んだり、治療法について研究したりと、勉強しなければならないことがたくさんある。私は、高校時代、毎日２時間以上の
　　　　　　　　　　　　　　　　　　　≫具体例
自宅学習を自分に課し、学校で出された課題の他にも、問題集や参考書を活用して自主的な学習に取り組んできた。
　私のこのような資質は、医療者に向いていると言える。
　　≫全体の結論（＝まとめの段落）

このように、**聞かれたことに簡潔かつ、ダイレクトに答えている答案は、読みやすく、内容をサッと理解することができます**。ですから、余計なことは書かないようにします。

　「余計なこと」としては、他に次のような例もあります。

・私が高校時代に力を入れたこと、それは生徒会での活動だった。
・「生徒会役員に立候補してみないか」、この言葉は私の高校生活を大きく変えることになった。

　このような文章の装飾も、まったく必要ありません。
　上の文は**「倒置法」**を用いて書かれており、下の文は**「会話」**から始めているわけですが、「志望理由書」や「自己推薦書」は文章の装飾ではなく、「この人はどういう人なのか」という中身の部分を見ています。わかりやすく文章を整える必要はありますが、**文章を飾る必要はない**のです。
　また、このような文学的装飾は相当に文章を書き慣れていないとうまくいかないものです。余計なことはせずに、「私は高校時代に生徒会活動に力を入れました」と書けばよいのです。

まとめ

▶ 不要な「前置き」に字数を使う意味はない。聞かれたことには簡潔かつ、ダイレクトに答える。

▶ 文学的な表現を使って文章を飾る必要はない。余計な装飾はせず、ストレートに書けばよい。

アピールする姿勢が弱い

普段の生活の中では、謙虚さが美徳とされることもありますが、自分を
アピールする場面では、積極的に自分のよさを伝えていかなくてはいけ
ません。

余計な文章の装飾は必要ありませんが、**自分の意欲や実績などはしっか
りアピールすべきです。**

「志望理由書」も「自己推薦書」も、自分をアピールするための書類ですが、
そうした意識があまり感じられない答案があります。

設問

高校時代に、学業以外に取り組んだことについて述べなさい。

イマイチ答案例

　私は高校時代に、ボランティア活動に参加したことがあります。これ
は街の清掃活動を中心に環境保護に取り組むボランティアで、私もささ
やかながらお手伝いをしました。月に1回程度の限られた参加ではあり
ましたが、空き缶拾いや、公園の清掃など、街の美化にわずかでも関わ
れたことはよかったと思っています。

自分のことをアピールする気があるのかないのか、
どちらですか？

何が問題なの？

この答案では、「ささやかながら」「限られた参加ではありましたが」「わずかでも」など、**わざわざ自分のアピールポイントを弱めるような表現を使っています**。謙虚な人なのでしょうし、率直な気持ちとしてはそうなのかもしれないですが、わざわざこういう表現を使う必要はありません。入試は全国からさまざまな学生が集まり、「自分はこれだけのことをやりました」とアピールする場です。遠慮しても意味はありません。嘘を書くのはいけませんが、**できる限り積極的な姿勢で書くようにしましょう**。

バッチリ
答案例

　私は高校３年間ボランティア活動に参加しました。これは、街の清掃活動を中心に環境保護に取り組むもので、**自分から進んで活動に加わりました。毎月１回は必ず会に参加し**、空き缶拾いや、公園の清掃などに
▲積極性をアピールする表現を入れている
　　　▲真面目に取り組んだことをアピールする表現を入れている
汗を流しました。街の美化に関わることで、環境問題について考えるきっかけになり、大変よい経験になりました。

表現を少し変えるだけで、印象が大きく変わりますね。

同じ月１回の参加であったとしても、「毎月１回は必ず会に参加し」と書いたほうが、積極性や真面目に取り組んでいたことが伝わります。

こういう表現は、「倒置法」や、出だしを「会話」から始めるような文学的な装飾とは違います。**自分のよさをアピールするための表現上の工夫ですから、ぜひ取り入れてください。**

他にも、**自分をアピールするための表現**には、次のようなものがあります。

> ### 自分をアピールするための表現例
>
> 例 高校時代、野球部の主将を務めました。主将としてチームのメン
> バーをまとめました。
>
> ↓積極性をアピールする
>
> 高校時代、**自ら手を挙げて**野球部の主将を務めました。主将とし
> て**チームの先頭に立ち**、日々メンバーのために何ができるかを考
> え行動しました。
>
> 例 貴学の「人に尽くし社会に尽くす」という理念がよいと思い、貴
> 学で学びたいと考えています。
>
> ↓熱意をアピールする
>
> 貴学の「人に尽くし社会に尽くす」という理念に**強く共感する**と
> ころであり、**ぜひとも**貴学で学びたいと考えています。
>
> 例 私の長所は、粘り強く取り組めるところです。
>
> ↓よいところを強調する
>
> 私の長所は、**何事にも**粘り強く取り組み、**困難にぶつかっても決
> して諦めない**ことです。

まとめ

▶ わざわざ自分のアピールポイントを弱めるような表現を使わない。

▶ 「自ら進んで」「必ず」「先頭に立ち」「強く」「ぜひとも」「何事にも」
「決して～ない」などの表現で、積極性や熱意をアピールする。

9 裏付けとなる「具体例」が書かれていない

「私は努力家です」「私は勉強熱心です」と言われても、裏付けがないと納得はできません。「志望理由書」や「自己推薦書」で自分のよさをアピールするときには、裏付けとなることを必ず書き込みます。

前回の **8** では、自分をアピールするための表現上の工夫を解説しましたが、このような表現を用いるときには**裏付けとなる「具体例」も書かなければなりません**。自分をアピールする言葉がたくさん並んでいたとしても、裏付けがないとそれはただの文章の飾りになってしまいます。

次の例を見てみましょう。

設問

あなた自身を分析し、自分の長所を述べてください。

私の長所は、何事にも粘り強く取り組み、困難にぶつかっても決して諦めないことです。一見困難なようなことでも必ず道を切り開き、乗り越えてきました。勉学においても部活においても、あえて難しいことにチャレンジして自分自身の成長につなげてきました。こうした経験は大学入学後も大いにいきると確信しています。

採点者の評価

よさそうなことが書いてありますが、
裏付けがまったくないですね。

何が問題なの?

　この答案には「何事にも粘り強く取り組み」「決して諦めない」「必ず道を切り開き、乗り越えてきました」「難しいことにチャレンジ」など、自分をアピールする言葉は満載ですが、それを裏付ける「具体例」が何も書かれていません。これでは、**きれいな言葉が並んでいるだけ**になってしまいます。

　自分をアピールするときは、裏付けとしてその「具体例」も書いていきます。

**バッチリ
答案例**

　私の長所は、何事にも粘り強く取り組み、困難にぶつかっても決して諦めないことです。**高校１年生のときに私は英語検定で２級を取るという目標を立てました。**
▲裏付けとなる具体例が書かれている
英語が得意ではなかった私にとって困難な目標でしたが、あえて難しいことにチャレンジしようと考えました。**学校の宿題や予習以外に、毎日１時間は検定の勉強に取り組みました。**
裏付けとなる「具体例」が書かれている▲
２回連続不合格となりましたが、必ず合格するという意志をもち、勉強を続けました。その結果、３年生のときに合格を果たすことができました。
検定試験に限らず日々の勉強や部活動においても、このような姿勢で取り組んでいます。

　こちらの答案は、英語検定で２級を取るという目標を立てて、２回連続不合格になっても諦めなかったという、**裏付けとなる「具体例」がしっかりと書かれています。**

　これなら、「何事にも粘り強く取り組み、困難にぶつかっても決して諦めない」「あえて難しいことにチャレンジ」という記述がいきてきます。**裏付けをしっかり書くことによって、採点者が納得してくれる答案になるのです。**

裏付けとして「具体例」を書くときには、次のような要素を書くと、説得力のある説明になります。**「数字」**や**「エピソード」**を示し、読んでいる人が納得できるものにしていきましょう。

具体例の要素

例　部活に一生懸命取り組んだことをアピールしたい
- ▶ どのように練習に取り組んだか
- ▶ どのような結果を出したか
- ▶ チームメイトとどのように協力し、後輩をどのように指導したか

例　生徒会活動などの学校内の活動に力を入れたことをアピールしたい
- ▶ どのような活動を提案したか
- ▶ 生徒の意見を聞くためにどのようなことをしたか
- ▶ その結果どのような成果が得られたか

例　志望大学の学習環境に魅力を感じていることを伝えたい
- ▶ どのような研究設備があるか
- ▶ 図書館の蔵書数はどれくらいあるか
- ▶ 学生数と教員数の比率はどれくらいになっているか

まとめ

- ▶ 「きれいな言葉が並んでいるだけ」にならないように、アピールする言葉を使いつつ、裏付けとしてその「具体例」を書く。
- ▶ 「具体例」は、「数字」や「エピソード」を示し、読んでいる人が納得できるものにする。

10 短所を強調している

「あなたの短所を書きなさい」という設問では、自分の悪いところを長々
と書くのではなく、バランスをとるようにします。
短所を書くときにはコツがあるのです。

8「アピールする姿勢が弱い」とも関連しますが、**必要以上に短所を強
調してしまっているケース**があります。

設問

あなたの長所と短所を述べなさい。

イマイチ答案例

　私の長所は物事に継続して取り組めるところです。コツコツと取り組
むことで、できなかった問題が解けるようになったり、ピアノで難しい
曲が弾けるようになったりと、自分自身を成長させることができます。
　一方、短所は決断力がないところです。何かを選択したときのよい面
と悪い面を考えすぎて、立ち止まってしまいます。以前も、大学に進学
するか、専門学校に進学するかで迷ってしまい、なかなか結論を出すこ
とができませんでした。何かを選択するときに、あれこれ考え出すとき
りがなくなってしまうのが、私の弱い面だと自覚しています。

あまり魅力的な人物に思えませんね。

何が問題なの?

　長所、短所というのは誰にもあるわけですが、「志望理由書」や「自己推薦書」などの書類は**自分のよさを売り込むためのもの**だということを念頭に置いておきましょう。

　この答案では、長所は簡単に済ませて、短所を詳しく書いています。もちろん、短所についても聞かれているわけですから、自分のマイナス面が出てくるのは当然ですが、わざわざそこを詳しく書いて強調する必要はありません。**長所のほうを強調して書くべきでしょう。**

　また、**短所を書くときには、それをどのように克服しようとしているかを書き添える**ようにします。

　この答案例であれば、「決断力がない」と言っているので、それをどのように克服しようとしているのかというところまで書き添えておきましょう。

**バッチリ
答案例**

　私の長所は物事に継続して取り組めるところです。学業では毎日３時間
　≫長所の説明
の自宅学習を課し、高校３年間やり遂げました。小学校から習っているピアノも毎日１時間以上の練習を欠かしたことがありません。コツコツと取り組むことで、できなかった問題が解けるようになったり、難しい曲が弾けるようになったりと、自分自身を成長させることができています。

　一方、短所はやや決断力が弱い面があるところです。何かを選択する
　≫短所の説明
ときによい面と悪い面を考えすぎていることがあります。そこで、**一定時間考えたら、あとは思い切って選択し、一歩を踏み出すことを心がけて**
　▲短所を克服するために工夫していることが書かれている
います。

前半の長所の説明では、具体的な裏付けを書き込んでいます。そして、後半では、「やや決断力が弱い面がある」という短所を述べたあとに、「一定時間考えたら、あとは思い切って選択し、一歩を踏み出すことを心がけています」と、短所を克服するために工夫していることを書いています。この書き方であれば、**長所がしっかりとアピールされ、短所もフォローがされている**ので、もとの答案と比べると、印象は大きく変わってきます。「やや大ざっぱな面がある」「少し優柔不断なところがある」など、抑え気味の表現を用いて、マイナスの印象が目立たないようにするとよいでしょう。

　なお、短所を書くときには、「向上心がない」「努力が嫌い」などのあまりにネガティブな表現は避け、フォローできる範囲の短所を書くようにします。

短所が目立たないように表現する例

- 例　やや大ざっぱな面がある
- 例　少し優柔不断なところがある
- 例　ときどきせっかちだと言われることがある
- 例　多少人見知りのところがある

まとめ

▶ **短所よりも長所のほうを強調して書く。**

▶ **短所を書くときには、それをどのように克服しようとしているかを書き添える。**

実践!
志望理由書を
書いてみよう

最も聞かれる頻度の高い「志望理由」について、
どういう手順で書き上げていけばよいのかを考えていきます。
一口に「志望理由」と言っても、
質問の仕方や指定字数はさまざまです。
ここではいくつかの代表的な例を取り上げて、書き方を解説します。

「志望理由」を書く前に

知っておこう　高校と大学の違い

　具体的な書き方の解説に入る前に、まずは、大学がどういう場所なのかということを知っておきましょう。これは「志望理由」を考えるうえでも参考になります。

　高校と大学では、いくつかの大きな違いがあります。

　まず、**学ぶということの意味**が違います。高校までは答えのある問題の解き方を先生に教えてもらうことが中心でした。しかし、**大学は答えがない問題について自分で答えを出すところ**です。さらに、**問題そのものも自分で見つけることが求められます。**

　国語の古文を例に挙げると、高校までは古文単語や文法を覚えて、「傍線部の現代語訳として正しいものを次の中から選べ」といった問題に答え、正解したらマルがもらえました。一方、大学では、自分で調べたいテーマを設定するところから始まります。

　たとえば、「『源氏物語』の第○帖には『うつくし』という言葉が多用されている。他の帖や同時代の作品と比べても際立って多い。これには何か意味があるのではないか」といったテーマを自分で設定します。そのうえでいろいろな文献などを調べていき、自分自身で結論を導き出します。これを**「研究」**といいます。

　ですから、大学で学ぶにあたっては、ただ単に「日本の文学作品を読むのが好きだから国文科に行きたい」ということではなく、「国文科でこういう作品を研究したい」というように、**具体的にやりたいことをイメージして**

おくことが大切になります。もちろん、大学で学ぶうちにやりたいことが変わってもかまいません。

　なお、国家資格を取ることが重視される医療系の学部などでは、資格試験に受かることが大前提になるので、資格を取ったうえで将来どうしたいのかを考えておくようにします。

　もう1つ、高校と大学で大きく違うのは、**大学は学生の自主性に任されている**ということです。

　たとえば、高校の場合、無断で何日も欠席したら学校から電話がかかってきます。しかし、大学ではそのようなことはありません。大学に来るのも来ないのも、授業に出るのも出ないのも自由です。授業に出なければ単位をもらえないことになるでしょうが誰も注意などしてくれません。また、時間割も自分で組むことができます。部活やサークル活動についても、やるもやらないも自由です。したがって、勉強もそれ以外の活動も、やりたいと思えばいくらでもやることができますが、逆に「私はこれをやろう」という気持ちをもっていないと、何もやらないままで終わってしまうことになるのです。すべては本人次第です。このように、**大学では自主性が非常に重視されます**。

　そういう意味で考えてみると、「一生懸命頑張りますので、何でも教えてください」というのは、受け身な姿勢です。高校と大学の自由度があまりにも違うので、戸惑ってしまうところですが、**「私は大学に入ったらこういうことをしたい」という主体的な姿勢をもつことが大事です**。

　ですから、「志望理由」にも、**大学に入って何をどのように学んでいきたいのかをしっかり書く**ことを意識しましょう。

「志望の対象」について考える

PART1 でも述べたように、「志望理由」を書くときには、**設問の意図を
よく理解することが大事です。**

　一般的には、「○○大学○○学部を志望した理由を述べよ」と聞かれるこ
とが多いので、その場合は「なぜその分野を学びたいのか＝その学部（学科）
を選んだ理由」と「他にも大学がある中で、なぜその大学を選んだのか」を
書けばよいのですが、実はいろいろな設問のパターンがあるのです。

　ここでは、**「志望の対象」**について、文学部を例にとって考えていきます。

1　本学文学部を志望する理由を述べよ

2　文学部を志望する理由を述べよ

3　文学部日本文学科を志望する理由を述べよ

4　本学を志望する理由を述べよ

　「1」から「4」までを見てみると、設問の文言が微妙に違います。

　頻度が高いのは「1」です。**「本学文学部を志望する理由を述べよ」**は、
「本学」「文学部」を志望した理由を聞いています。この場合は、すでに述べ
たように、**他の大学の文学部ではなく、なぜこの大学の文学部かを伝え
なければなりません。**ですから、「なぜその分野を学びたいのか＝その学部
（学科）を選んだ理由」と「他にも大学がある中で、なぜその大学を選んだの
か」の2つを答える必要があります。これは PART1 で解説したとおりです。

　では、「2」はどうでしょうか。**「文学部を志望する理由を述べよ」**とい
う問いには、「本学」という要素が抜けています。この設問の場合は、**「文
学という学問分野を選択した理由」**を答えることが求められていると考

えられます。ですから、「なぜその分野（＝文学）を学びたいのか」という要素は必須ですが、「他にも大学がある中で、なぜその大学を選んだのか」という要素は必須とまでは言えません。このような質問の場合は、少し判断が難しいのですが、書くべき字数が200〜300字くらいの少ないものであれば、「なぜ文学部に進みたいのか」が書けていればよいでしょう。仮に、800字などもっと多い字数が指定されている場合には、中身を充実させる意味で、「この大学には他にはないような特徴やカリキュラムがあるから、ここの文学部を志望した」というように、「他にも大学がある中で、なぜその大学を選んだのか」という要素も含めて書いていけばよいでしょう。

　ただし、これは問題文全体の文脈から判断した方がよい場合もあります。これについてはあとで詳しく説明します。

　さらに、「3」の**「文学部日本文学科を志望する理由を述べよ」**の場合ですが、この質問では「文学部」の中の「日本文学科を志望する理由」を答えることが求められています。一見、「文学部」を志望した理由と、その中でも「日本文学科」を志望した理由の両方について書くことが必要だと思えます。もちろん、その書き方も間違いではありませんが、「日本文学科」は基本的には文学部にしかないわけですから、「日本文学科」に進みたいのなら文学部を選択するのは言うまでもないことです。ですから、この場合は「文学部を志望する理由」と「日本文学科を志望する理由」を分けて書かなくても、「なぜその分野を学びたいのか（＝なぜ日本文学科に進みたいのか）」が書けていればよいでしょう。それを書けば、文学部を志望する理由も書いたことになります。

　これは「法学部政治学科を志望する理由」であろうと「理学部宇宙物理学科を志望する理由」であろうと、すべて同じです。**「なぜその分野を学びたいのか（＝なぜその学科に進みたいのか）」が書けていれば、質問の指示にきちんと答えたことになります。**

　なお、「他にも大学がある中で、なぜその大学を選んだのか」という要素については、「2」と同じで、指定された字数が多くて中身を充実させたい場合に入れるという考え方でよいでしょう。

ちょっとイレギュラーなのが、「4」のように、**「本学を志望する理由を述べよ」**とだけある場合です。この場合、聞いていることから考えると、「他にも大学がある中で、なぜその大学を選んだのか」だけを書けばよさそうです。しかし、たとえば、留学生の比率の高さや立地のよさしか書かれていないと、「学ぶ分野は何でもよいのか」と思えるような目的意識のない答えになってしまいます。この場合は、「私はこういう理由で文学に関心があり、文学部に進みたいと考えています。中でも貴学はこういう面で学ぶ環境が優れており、進学を希望します」というように、**はじめに「なぜその分野を学びたいのか＝その学部（学科）を選んだ理由」**を書き、そのあとに**「他にも大学がある中で、なぜその大学を選んだのか」**を書いたほうがよいでしょう。

　まとめると次のようになります。

1　本学○○学部を志望する理由を述べよ

▶　「なぜその分野を学びたいのか＝その学部（学科）を選んだ理由」と「他にも大学がある中で、なぜその大学を選んだのか」の２つを書く。

2　○○学部を志望する理由を述べよ

▶　「なぜその分野を学びたいのか＝その学部（学科）を選んだ理由」という要素は必須だが、「他にも大学がある中で、なぜその大学を選んだのか」という要素は必須とまでは言えない。字数に余裕があれば書いてもよい。

3　○○学部△△学科を志望する理由を述べよ

▶　「なぜその分野を学びたいのか＝その学科を選んだ理由」という要素は必須だが、「他にも大学がある中で、なぜその大学を選んだのか」という要素は必須とまでは言えない。字数に余裕があれば書いてもよい。

4　本学を志望する理由を述べよ

▶　「なぜその分野を学びたいのか＝その学部（学科）を選んだ理由」と「他

にも大学がある中で、なぜその大学を選んだのか」の両方を書く。

模範答案例を写しても意味がない

ここまで、「本学○○学部」や「○○学部」など、設問の聞き方の違いを
考えてきましたが、他にも、設問には多様なバリエーションがあります。
　たとえば、

●**本学○○学部への志望理由を述べよ**

といったシンプルなものから、

●**あなたはなぜ○○学部を志望しているのか、大学入学後は
どのようなことを学びたいと考えているか、また、卒業後
の進路についても述べよ**

というように、複数の問いかけをするものもあります。

　評価される答案を作るには、問いかけに沿って書く必要があります。その
ためには、 PART1 で述べた**「設問の指示を正確に理解する」**という作業
が不可欠です。
　模範答案例をそのまま真似て書き写すのではなく、「こういう設問だから
こう考える」という**「思考のプロセス」**を真似するようにしてください。

　次のページからは、さまざまな学部を例にとって、志望理由書の書き方を
掲載しています。自分の受験する学部のページだけを読んで終わりにするの
ではなく、**「出題パターンの変化」**に注目しながら全体を読んでみましょう。
そうすれば、どのような出題パターンにも対応できるようになります。

1 字数が少ないタイプの 志望理由書①

まずは400字程度で「志望理由」を書いてみましょう。基本的な書き方を覚えて、他のタイプ(字数のもっと少ないもの・多いもの)に応用していくようにしましょう。

● 文学部国文学科志望
学校の古文の授業で『源氏物語』を読んで、
日本の古典が好きになった。
大学でもたくさんの古典作品を読んでみたい。

Aさん

今回は、400字程度で記入する、基本的な志望理由の書き方を考えます。400字というと、ちょうど原稿用紙1枚ぶんになりますね。これくらいの字数だと、**要点だけをコンパクトに収めていく必要があります。**

設問

本学文学部を志望する理由について述べてください。 400字程度

ここで問われていることは、「本学文学部を志望する理由」です。
先に述べたように、この質問には、以下の2つの要素が含まれています。

- なぜその分野を学びたいのか＝その学部(学科)を選んだ理由
- 他にも大学がある中で、なぜその大学を選んだのか

　書く順番はどうすればよいでしょうか。一般的には、高校で勉強するうちに少しずつ大学で学びたい分野がわかってきて、そのあとどの大学を受けるかを決めるので、その順番で書くほうが自然です。

　ですから、

- なぜ文学を学びたいのか＝文学部を選んだ理由
- 他にも大学がある中で、なぜその大学を選んだのか

という流れで書いていきます。

　いきなり答案を書くのは難しいので、**まずは材料を集めます**。この2点についてどういうことを書けるか**箇条書きでメモをしてみましょう**。**このメモ作りが答案を作成するうえでとても大事です**。

　はじめに、1つ目の「なぜ文学を学びたいのか＝文学部を選んだ理由」について考えてみます。まず、**設問に対する「直接的な答え」を考えます**。文学を学びたい理由は「これだ」という答えです。答案の冒頭部分では、あれこれ言わずに、簡潔に答えを述べるようにします。

文学部を志望する理由は、
日本の古典に関心があるからです。

これをもとに、最初のメモを作ってみましょう。

問われて いること①	なぜ文学を学びたいのか＝文学部を志望する理由
直接的な 答え	日本の古典に関心があるから ＼new!／

文学部を志望した理由を「日本の古典に関心があるから」と、一言ではっきりと書けています。出発点はこれで大丈夫です。ここから内容を充実させていきます。**よい答案を書くためには、メモの段階できっちりと材料を出し切れていることが必要です。**ある主張を、説得力をもって伝えるには**「理由」**や**「具体例」**が必要です。「日本の古典に関心がある」のであれば、どんな作品に関心があるのか（具体例）、なぜ関心をもったのか（理由）を説明する必要があります。

古文の授業で『源氏物語』を読んだのがすごく面白くて……。当時の人たちは、こういう世界で生きていたのだなと、リアルに伝わってきました。

問われて いること①	なぜ文学を学びたいのか＝文学部を志望する理由
直接的な 答え	日本の古典に関心があるから
具体例	『源氏物語』 ＼new!／
理由	高校の授業で古典を読んで、当時の人たちの考え方、暮らしがとてもいきいきと描かれていると感じたから ＼new!／

これだけだと材料としてまだ少ないですし、「授業で興味をもった」レベルにとどまっているので、そこから大学で学びたいというレベルに行き着くまでの**「過程」**を知りたいところです。

『源氏物語』をもっと読みたいと、
図書館で本を借りました。
読んでいくうちに、他の作品にも興味をもちました。

よい形で材料が出せています。「他の作品」について、具体的な書名を挙げていくと、採点者がさらにイメージしやすくなります。

また、末尾には、この**段落のまとめ**を入れてみましょう。これで段落が閉じるので、次の話に入りやすくなります。なお、段落のまとめは、必ずつけなければいけないわけではありません。なくてもスムーズに次の段落につながるときは、この要素を省くこともあります。

問われていること①	なぜ文学を学びたいのか＝文学部を志望する理由
直接的な答え	日本の古典に関心があるから
具体例	『源氏物語』
理由	高校の授業で古典を読んで、当時の人たちの考え方、暮らしがとてもいきいきと描かれていると感じたから
具体的なエピソード	図書館でも『源氏物語』の本を借り、自分自身で読み進めた。細やかな表現の工夫などが理解できるようになると、さらに関心が高まり、他の本も読んでみるようになった

\new!/

具体的な 書名	＼new!／ 『伊勢物語』	＼new!／ 『落窪物語』	
段落の まとめ	大学で古典を専門的に学び、作風の違いや後世に与えた ＼new!／ 影響などを研究したい		

　このように、「日本の古典に関心があるから」という **設問に対する「直接的な答え」** を出発点にして、「理由」や「具体例」を自分に問いかけながら材料を集めていきます。

1　設問の指示を正確に理解する

2　直接的な答えを示す

3　「理由」や「具体例」で補強する

　上記のプロセスはどのような出題であっても共通します。**ぜひこの思考のプロセスを身につけてください。**

　それでは、2つ目の「他にも大学がある中で、なぜその大学を選んだのか」についても材料を集めていきましょう。大学案内などを読んで、**「この大学ならでは」の要素**を考えます。

　講義の内容が充実していることが一番のよさです。
　それに、図書館の蔵書数も非常に多くて、
　研究資料が豊富なのも魅力的だと思いました。

　よいですね。「本学を志望する理由（なぜその大学を選んだのか）」について、端的な答えが示せました。これをメモにしていきましょう。

問われて いること②	他にも大学がある中で、なぜその大学を選んだのか
直接的な 答え1	講義の内容が充実している \new!/
直接的な 答え2	図書館の蔵書数が非常に多くて研究資料が豊富 \new!/

さらに、このように判断した**「具体例」**として、研究をする環境について魅力を感じた点をメモに盛り込んでいきましょう。

> 平安時代の古典に関する講義が多いのが特徴です。
> 300万冊以上の蔵書があって、
> 貴重な文献も所蔵されています。

問われて いること②	他にも大学がある中で、なぜその大学を選んだのか	
直接的な 答え1	講義の内容が充実している	
その具体例	平安時代の古典に関する講義が多くある \new!/	
直接的な 答え2	図書館の蔵書数が非常に多くて研究資料が豊富	
その具体例	300万冊以上の蔵書がある \new!/	貴重な文献も所蔵されている \new!/
段落の まとめ	研究するうえで最適の環境である \new!/	

これで2つ目の問いかけについての材料が集まりました。改めて、メモ全体を示すと、次のようになります。

問われて いること①	なぜ文学を学びたいのか＝文学部を志望する理由
直接的な 答え	日本の古典に関心があるから
具体例	『源氏物語』
理由	高校の授業で古典を読んで、当時の人たちの考え方、暮らしがとてもいきいきと描かれていると感じたから
具体的な エピソード	図書館でも『源氏物語』の本を借り、自分自身で読み進めた。細やかな表現の工夫などが理解できるようになると、さらに関心が高まり、他の本も読んでみるようになった
具体的な 書名	『伊勢物語』 『落窪物語』
段落の まとめ	大学で古典の読み方を学び、作風の違いや後世に与えた影響などを研究したい

問われて いること②	他にも大学がある中で、なぜその大学を選んだのか
直接的な 答え1	講義の内容が充実している
その具体例	平安時代の古典に関する講義が多くある
直接的な 答え2	図書館の蔵書数が非常に多くて研究資料が豊富
その具体例	300万冊以上の蔵書がある 貴重な文献も所蔵されている
段落の まとめ	研究するうえで最適の環境である

　答案を書くときは、メモをもとに、文章のつながりをよく考えながらまとめていきます。

バッチリ◎
答案例

　私は日本の古典、特に『源氏物語』に関心があり、文学部で学びたい
　　　≫なぜ文学を学びたいのか＝文学部を志望する理由・具体例
と考えている。私は高校の授業で日本の古典に触れ、当時の人の考え方
　　　　　　　　≫理由
や暮らしぶりがいきいきと描かれている点に興味をもった。図書館でも
　　　　　　　　　　　　　　　　　具体的なエピソード・具体的な書名≫
『源氏物語』や『伊勢物語』『落窪物語』などの作品を借り、自分自身で
読み進めた。細かな表現の工夫などが理解できるようになると、一層関
心が高まった。大学ではさらに深く古典の読み方を学び、作風の違いや
　　　　　　　≫段落のまとめ
後世に与えた影響など、自身で関心のあるテーマを見つけて研究を深め
たい。

　貴学では、『源氏物語』や『枕草子』などの平安時代の古典に関する
　　　≫他にも大学がある中で、なぜその大学を選んだのか・その具体例
講義が多数ある。私が研究したいと考えている分野の講義が充実してお
り、魅力的である。また、大学図書館には300万冊以上の蔵書があり、
　　　　　　　≫他にも大学がある中で、なぜその大学を選んだのか・その具体例
貴重な文献も所蔵されている。さまざまな文献を比較し、研究したいと
　　　　　　　　　　　　　≫段落のまとめ
考えている私には最適の環境である。

　以上のことから、貴学文学部は学業の環境として大変恵まれており、
　　　≫全体の結論（＝まとめの段落）
進学を強く志望する。

採点者の評価

前半では「なぜ文学部で学びたいのか」が、
後半では「なぜ本学を選んだのか」が具体的に書か
れています。
文章としても整っており、よい答案です。

まとめ

▶　まず、設問に対する「直接的な答え」を考える。

▶　それを出発点にして、「具体例」「理由」を問いかけて材料を集める。

2 字数が少ないタイプの 志望理由書②

さらに字数が少ない300字程度のものでも、「志望理由」は具体的に書く必要があります。

短い字数でまとめるためのコツを学んでいきましょう。

モデル

B さん

● 法学部政治学科志望

18歳で選挙権をもつようになる前に、
選挙や政治について調べてみた。
若者も政治にもっと関心をもつべきだと考えている。

設問

法学部を志望した理由を述べてください。 300字程度

まずは、「問われていること」を確認しましょう。 この設問では、「本学法学部を志望した理由」ではなく、「法学部を志望した理由」という問い方をしています。この場合は、「なぜその学部なのか＝なぜその分野を学びたいのか」を聞くことに特化していると考えられますので、「なぜこの大学なのか」という要素は必須ではありません。字数も少ないので、**「法学を学びたい理由」** に絞って材料を集めてみます。

はじめに**設問に対する「直接的な答え」** を考えます。

政治に興味をもっていて、
政治学科に進みたいと思っています！

問われて いること	なぜ法学を学びたいのか＝法学部を志望する理由
直接的な 答え	＼new!／ 政治に興味があり、政治学科で学びたいから

これを出発点にして、さらにメモに書き込んでいく材料を集めます。

現状ではまだまだ漠然とした話になっていますから、関心があること
の「具体例」や、関心をもった「理由」などを書き出していきます。

18歳で選挙権をもつ前に、政治について調べました。
選挙制度そのものにも疑問を感じたうえに、
若い人の投票率が低いことにも問題意識をもちました。

問われて いること	なぜ法学を学びたいのか＝法学部を志望する理由
直接的な 答え	政治に興味があり、政治学科で学びたいから
具体例	＼new!／ 日本の政治や選挙制度について
そう考えた 理由	＼new!／ 18歳で選挙権をもつ前に、政治について調べて、日本の 政治のあり方に問題意識をもった
考えた こと1	＼new!／ 国会議員の選挙制度には納得しがたい面があると感じた
考えた こと2	＼new!／ 若い人の投票率が低いことも問題だと思った

関心がある分野と関心をもった理由が出て、材料は集まってきています。

ただ、「納得しがたい面がある」の部分は抽象的なので、どのような点で納得しがたいのかを補ったほうがよいでしょう。また、「若い人の投票率が低い」ことが問題となる理由も具体的に説明する必要がありますね。このように、**「抽象的」だと感じられる部分があれば、読んでいる人が納得できるように「具体的」な話を書き込む**ようにします。

また、答案の最後に**「全体の結論」**を入れて、「こういう理由で、法学部で学びたい」ということを改めて強調しましょう。

問われていること	なぜ法学を学びたいのか＝法学部を志望する理由
直接的な答え	政治に興味があり、政治学科で学びたいから
具体例	日本の政治や選挙制度について
そう考えた理由	18歳で選挙権をもつ前に、政治について調べて、日本の政治のあり方に問題意識をもった
考えたこと1	国会議員の選挙制度には納得しがたい面があると感じた
その具体例	小選挙区で落選した人が比例代表で復活できる \new!/
考えたこと2	若い人の投票率が低いことも問題だと思った
その理由	消費税率や奨学金制度など自分たちにも関わる問題がたくさんあるのに、関心がなくては何も変えられないから \new!/
全体の結論	日本の政治の問題点、解決の方策を解き明かすために、法学部政治学科で学びたい \new!/

ここまで整理できたら、文章としてまとめてみます。

バッチリ
答案例

　私が法学部を志望したのは、政治学科で日本の政治や選挙制度につい
≫なぜ法学を学びたいのか＝法学部を志望する理由
て専門的に学びたいからである。私は18歳で初めて選挙で投票するにあ
≫そう考えた理由
たって、政治について調べてみた。政治の本や新聞記事を意識的に読ん
だが、国会議員の選挙制度は小選挙区で落選した人が比例代表で復活で
≫考えたこと１・その具体例
きるなど、納得しがたい面があると感じた。加えて、若い人の投票率が
≫考えたこと２
低い。消費税率や奨学金制度など、私たちにも関わる問題がたくさんあ
≫その具体例
るのに関心がなくては何も変えられない。このような日本の政治の状況
に問題意識をもった。歴史的経緯や各国との比較を通して、日本の政治
≫全体の結論
の問題点は何か、解決への方策は何かを解き明かしたい。以上の理由か
ら、法学部で学ぶことを強く志望している。

採点者の評価

法学部で学びたい理由について、
「投票を前に政治について調べてみた」という
自身の経験が出発点になっています。
選挙制度への疑問、若い人の投票率の低さなど、
具体的な問題意識とともに書くことができています。

まとめ

▶ 「抽象的」だと感じられる部分は、必ず「具体的」な言葉で補うよう
にする。

3 字数が多いタイプの志望理由書

1000字程度の「字数が多いタイプの志望理由」の書き方を考えてみましょう。
長い志望理由の場合も、まずは下書きメモを作るところから始めます。

● 看護学部志望

高校１年生のときにけがで入院したことをきっかけに看護師を目指したいと思うようになった。
病気やけがで苦しむ患者さんの力になりたい！

Cさん

設問

本学看護学部を志望する理由を1000字以内で述べよ。

まず、ここで問われているのは **「本学看護学部を志望する理由」** です。「本学」と「看護学部」の２つの要素がありますから、セオリーからすれば、「他にも大学がある中で、なぜその大学を選んだのか」と「なぜその分野を学びたいのか＝看護学部を選んだ理由」の２つを書くことになります。

ただ、**看護学部の場合、「なぜその分野を学びたいのか＝看護学部を選んだ理由」は、将来の職業選択と直結しています。** ですから、**「看護師になりたいと考えた理由」** が、そのまま **「看護学部を選んだ理由」** になり

得ます。

　そこで、今回は、次の２つの内容で答案を構成します。

- **なぜ看護師になりたいと考えたのか＝看護学部を選んだ理由**
- **他にも大学がある中で、なぜその大学を選んだのか**

　次に、**字数の配分**について考えていきましょう。

　上記の２点は、どちらも同じくらい大事な要素です。ただ、「なぜ看護師になりたいと考えたのか」は自分のことなので材料を集めやすいのに対し、「他にも大学がある中で、なぜその大学を選んだのか」のほうは材料を集めるのが少し難しいかもしれません。大学案内などから得られる情報には限りがあるからです。そこで、実際には「看護師になりたいと考えた理由」のほうがやや多めになっても許容範囲です。

　それでは、「なぜ看護師になりたいと考えたのか＝看護学部を選んだ理由」のほうから、材料を集めていきましょう。**今回の場合は1000字もありますので、かなり踏み込んで書く必要があります。**「何かになりたい」「何かにとても興味がある」という気持ちを、説得力をもって相手に伝えるには、そう考えた**「理由」**を詳しく説明する必要があります。そして、その「理由」は、自分自身の経験にもとづいたものであることが大事です。

　たとえば、「病気やけがで苦しむ患者さんの力になりたい」という「理由」は、誰でも同じように言うことができます。それを、**「私だからこそ言える理由」**にまで掘り下げてほしいのです。これは面接で答えるときも同じです。

　では、「私だからこそ言える理由」とは何でしょうか。たとえば、「高校１年生のときにけがで入院した際に、看護師さんが優しく声をかけてくれ、とても心強く感じた」ことが「看護師になりたいと考えるようになった原点」だとしたら、それは私独自の、他の人には語れない理由です。このように、自分の経験にもとづいた理由が、**「私だからこそ言える理由」**です。

高校1年生のときにけがで入院したのですが、
看護師さんが優しく声をかけてくれて、
とても心強く感じました。

以上を踏まえ、最初の段階のメモを作ってみましょう。

問われて いること①	なぜ看護師になりたいと考えたのか =看護学部を選んだ理由
直接的な 答え	病気やけがで苦しむ患者さんの力になりたいから \new!/
そう考えた 理由	高校1年生のときに入院し、看護師さんが優しく声をかけてくれ、とても心強く感じた \new!/

　出発点はこれでかまいません。ここから「具体例」や「理由」などによって、内容をどんどんふくらませていきます。
　まずは、「看護師さんが優しく声をかけてくれ」という部分について、それはどんな言葉だったのか、**「具体例」**をつけ足していきましょう。

看護師さんに「焦らなくていいんだよ」
「自分のペースでゆっくり治せばいいんだよ」
と言ってもらえて、前向きな気持ちになれました！

問われて いること①	なぜ看護師になりたいと考えたのか =看護学部を選んだ理由
直接的な 答え	病気やけがで苦しむ患者さんの力になりたいから
そう考えた 理由	高校1年生のときに入院し、看護師さんが優しく声をかけてくれ、とても心強く感じた

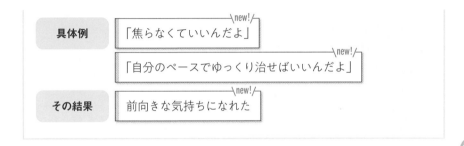

具体例	「焦らなくていいんだよ」 \new!/
	「自分のペースでゆっくり治せばいいんだよ」 \new!/
その結果	前向きな気持ちになれた \new!/

　看護師さんが実際にかけてくれた言葉と、それを聞いて前向きな気持ちになれたという「具体例」が加わり、状況がわかりやすくなりましたね。

　さらに「看護師になりたいと考えた理由」を詳しく説明していきましょう。看護師さんの言葉に励まされて看護師を志したのであれば、そのことを読む人に伝える必要があります。そのために、自分が置かれた**「状況」**を説明していきます。「こういうことがあって、こういう気持ちのときにこのようなことを言ってもらったから、看護師さんの言葉が心に響いた」というように、「状況」がわかるように具体的に説明すれば、「そういうことだったのか」と、読む人も納得できますね。

　このように、**常に読み手のことを意識して「どうすれば伝わるか」ということを考える**ようにしましょう。

陸上部の練習中に大けがをして入院し、
なかなか退院できなくてすごく不安を感じていました。
周りの人にも心を閉ざしてしまっていたけど、
そんなときに看護師さんが声をかけてくれたんです。

　以上の話が伝わるように、**入院の状況を時系列で整理します**。

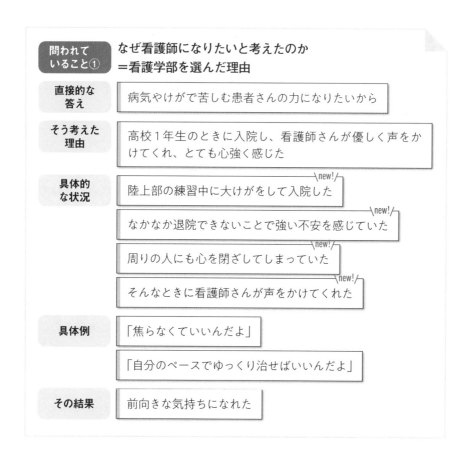

問われて いること①	なぜ看護師になりたいと考えたのか ＝看護学部を選んだ理由
直接的な 答え	病気やけがで苦しむ患者さんの力になりたいから
そう考えた 理由	高校1年生のときに入院し、看護師さんが優しく声をかけてくれ、とても心強く感じた
具体的 な状況	陸上部の練習中に大けがをして入院した〔new!〕
	なかなか退院できないことで強い不安を感じていた〔new!〕
	周りの人にも心を閉ざしてしまっていた〔new!〕
	そんなときに看護師さんが声をかけてくれた〔new!〕
具体例	「焦らなくていいんだよ」
	「自分のペースでゆっくり治せばいいんだよ」
その結果	前向きな気持ちになれた

　時系列に沿ってできごとをまとめたことで、どのような状況だったのかがわかるようになり、メモがだいぶ具体的になってきました。

　続いて、そこから**どのように「看護師になりたい」と思うようになったのか**、その部分を具体的に説明する材料を集めます。

看護師の仕事について調べたり、知り合いの看護師さんに話を聞いたりして、看護師は社会的な意義のある、やりがいのある仕事だと思いました。

問われていること①	なぜ看護師になりたいと考えたのか ＝看護学部を選んだ理由
直接的な答え	病気やけがで苦しむ患者さんの力になりたいから
そう考えた理由	高校1年生のときに入院し、看護師さんが優しく声をかけてくれ、とても心強く感じた
具体的な状況	陸上部の練習中に大けがをして入院した
	なかなか退院できないことで強い不安を感じていた
	周りの人にも心を閉ざしてしまっていた
	そんなときに看護師さんが声をかけてくれた
具体例	「焦らなくていいんだよ」
	「自分のペースでゆっくり治せばいいんだよ」
その結果	前向きな気持ちになれた
具体的な行動	退院後、看護師の仕事について調べたり、知り合いの看護師に話を聞いたりした \new!/
	社会的な意義のある、やりがいのある仕事だと思った \new!/
段落のまとめ	大学で、患者さんを心身両面から支えられるような看護のあり方を学びたい \new!/

　これくらいまで材料が集まれば、「なぜ看護師になりたいと考えたのか＝看護学部を選んだ理由」がしっかりと伝えられそうです。

　看護師になりたい理由に限らず、志望理由書には、他の人には語れない**「私だからこそ言える理由」**を書くことで説得力が高まります。

なお、**「私だからこそ言える理由」というのは、自分や周りの人が病気をした例でなくてもよいのです。**たとえば、「ある医師が書いた本を読んで、医師の仕事に興味をもった」ということが出発点でもよいでしょう。そこから「医療の仕事をしている人に話を聞いたり調べたりする中で、やりがいのある仕事だと感じ、自分も医師になりたいと考えるようになった」という場合もあるでしょう。自分なりに見たり聞いたりして調べたということも、もちろん「私だからこそ言える理由」の1つです。このように、**「私だからこそ言える理由」をきちんと掘り下げて書くようにします。**

　続いて、後半の「他にも大学がある中で、なぜその大学を選んだのか」について材料を出してみましょう。

> この大学を選んだ理由は、教育環境がいいからです。
> 1　少人数ゼミ制度、新入生に対してのチューター制度
> 2　自分の興味のある講義科目が多いこと
> 3　教育理念に共感できること
> 4　図書館が夜間も開館していること
> これらに魅力を感じています。

問われて いること②	この大学を選んだ理由
直接的な 答え	教育環境のよさ \new!/
具体例1	少人数ゼミ制度、新入生に対してのチューター制度がある \new!/
具体例2	「患者の心理ケア」などの講義科目がある \new!/
具体例3	「患者の心と体を支えられる医療人の育成」という教育理念 \new!/
具体例4	図書館が夜間も開館している \new!/

「**具体例**」をきちんと挙げられましたね。

　字数が少ない場合は、この段階で答案としてまとめられますが、今回は1000字もあるので、1つひとつの「具体例」について、「**理由**」を掘り下げていきましょう。「なぜよいと思ったのか」を説明することで、説得力が高まります。

問われていること②	この大学を選んだ理由
直接的な答え	教育環境のよさ
具体例1	少人数ゼミ制度、新入生に対してのチューター制度がある
よいと思った理由	この大学独自の制度で、学生が学びやすいから　\new!/
具体例2	「患者の心理ケア」などの講義科目がある
よいと思った理由	患者さんの心理的なフォローに関心があるから　\new!/
具体例3	「患者の心と体を支えられる医療人の育成」という教育理念
よいと思った理由	心身両面のケアが大事だという私の考えと一致するから　\new!/
具体例4	図書館が夜間も開館している
よいと思った理由	課題や実習などで長時間の学習が必要な際に便利だから　\new!/
段落のまとめ	学習に励める環境である　\new!/

「理由」を1つひとつ説明することで、納得感が得られるようになりましたね。

メモの前半と後半を合わせて、全体を見てみましょう。

問われていること①	**なぜ看護師になりたいと考えたのか＝看護学部を選んだ理由**
直接的な答え	病気やけがで苦しむ患者さんの力になりたいから
そう考えた理由	高校1年生のときに入院し、看護師さんが優しく声をかけてくれ、とても心強く感じた
具体的な状況	陸上部の練習中に大けがをして入院した
	なかなか退院できないことで強い不安を感じていた
	周りの人にも心を閉ざしてしまっていた
	そんなときに看護師さんが声をかけてくれた
具体例	「焦らなくていいんだよ」
	「自分のペースでゆっくり治せばいいんだよ」
その結果	前向きな気持になれた
具体的な行動	退院後、看護師の仕事について調べたり、知り合いの看護師に話を聞いたりした
	社会的な意義のある、やりがいのある仕事だと思った
段落のまとめ	大学で、患者さんを心身両面から支えられるような看護のあり方を学びたい

問われていること②	この大学を選んだ理由
直接的な答え	教育環境のよさ
具体例1	少人数ゼミ制度、新入生に対してのチューター制度がある
よいと思った理由	この大学独自の制度で、学生が学びやすいから
具体例2	「患者の心理ケア」などの講義科目がある
よいと思った理由	患者さんの心理的なフォローに関心があるから
具体例3	「患者の心と体を支えられる医療人の育成」という教育理念
よいと思った理由	心身両面のケアが大事だという私の考えと一致するから
具体例4	図書館が夜間も開館している
よいと思った理由	課題や実習などで長時間の学習が必要な際に便利だから
段落のまとめ	学習に励める環境である

それでは、文章としてのつながりを考えながら、まとめてみましょう。

イマイチ答案例

　私が病気やけがで苦しむ患者さんを支える看護師になりたいと考えたのは、高校1年生のときだ。私は陸上部の練習中に大けがをし、2カ月以上も病院に入院することになった。初めのころ私は、なかなか退院できないことで強い不安を感じていた。このままでは学校の授業や部活動についていけなくなるのではないかと思い、不安と焦りでいっぱいだっ

た。そのため、誰とも口をきかなくなり、周りの人にも心を閉ざしてしまっていた。そのようなとき、看護師さんが度々様子を見に来て、「焦らなくていいんだよ」「自分のペースでゆっくり治せばいいんだよ」といった言葉をかけてくださった。何気ない言葉だが、気遣ってくださる気持ちが伝わった。とても温かい気持ちになったのと同時に、少しずつ前向きな気持ちがもてるようになった。私は、患者の身体的なケアをするだけでなく、心理的なフォローもしてくださる看護師さんたちの姿にとても心を打れ、看護師の仕事に関心をもつようになった。

退院後、私は看護師の仕事について調べたり、知り合いの看護師の方にお話を聞いたりした。そうした中で、看護師は社会的な意義のある、とてもやりがいのある仕事だと思うようになった。今現在、私は看護師を目指すことをはっきりと決めている。大学では、患者さんを心身両面から支えられるような看護のあり方を学びたい。

貴学は教育環境がよく、少人数ゼミ制度や、新入生に対してのチューター制度など、独自の制度を取り入れており、学生が学びやすいように工夫されている。また、私は、自身の経験から患者さんの心理的なフォローについても関心をもっている。貴学には「患者の心理ケア」などの講義科目があり、この点について学べるところも魅力的である。貴学の教育理念である「患者の心と体を支えられる医療人の育成」も、私の考えと一致し、大いに共感している。私は、夏休みに貴学のオープンキャンパスに参加したが、大学全体が静かな環境にあると感じた。図書館が夜間も開館している点は、課題や実習などで長時間の学習が必要な際に便利だ。このように、学習に励むのに最適な環境であることも魅力的だ。

これでも、わりとよく書けていますが、答案の冒頭が「私が病気やけがで……高校1年生のときだ」と、身の上話のような書き出しになっている点に、やや唐突感があります。

そこで、**この答案全体で言いたいことを冒頭で簡潔に提示してから、具体的な中身に入る形にしましょう。**

「本学看護学部を志望する理由」に対して簡潔に答えるならば、「看護師になりたいと思っているからだ。貴学は教育環境がよいので入学したい」ということです。まずはそれを一文で書いてしまいましょう。

また、1000字くらいの字数の答案であれば、**「全体の結論」（＝全体のまとめの段落）**があったほうが文章としても整います。最後の段落で、改めて「この大学に進学したい」という気持ちを述べるとよいでしょう。

以上を踏まえて、次のようにしてみましょう。

バッチリ
答案例

私は将来患者さんを心身ともに支えられる看護師になりたいと考えてお
▲答案全体で言いたいことを、一文でまとめている
り、そのために最もよい学びの場として貴学を志望する。

　私が看護師になりたいと考えたのは、高校1年生のときだ。私は陸上
≫なぜ看護師になりたいと考えたのか＝看護学部を選んだ理由・具体的な状況
部の練習中に大けがをし、2カ月以上も病院に入院することになった。初めのころ私は、なかなか退院できないことで強い不安を感じていた。このままでは学校の授業や部活動についていけなくなるのではないかと思い、不安と焦りでいっぱいだった。そのため、誰とも口をきかなくなり、周りの人にも心を閉ざしてしまっていた。そのようなとき、看護師さんが度々様子を見に来て、「焦らなくていいんだよ」「自分のペースで
≫具体例
ゆっくり治せばいいんだよ」といった言葉をかけてくださった。何気ない言葉だが、気遣ってくださる気持ちが伝わった。とても温かい気持ち
≫その結果
になったのと同時に、少しずつ前向きな気持ちがもてるようになった。私は、患者の身体的なケアをするだけでなく、心理的なフォローもしてくださる看護師さんたちの姿にとても心を打たれ、看護師の仕事に関心を持つようになった。

　退院後、私は看護師の仕事について調べたり、知り合いの看護師の方
≫具体的な行動
にお話を聞いたりした。そうした中で、看護師は社会的な意義のある、とてもやりがいのある仕事だと思うようになった。今現在、私は看護師を目指すことをはっきりと決めている。大学では、患者さんを心身両面
≫段落のまとめ
から支えられるような看護のあり方を学びたい。

貴学は教育環境がよく、少人数ゼミ制度や、新入生に対してのチュー
≫この大学を選んだ理由　　　　　　≫具体例1・よいと思った理由
ター制度など、独自の制度を取り入れており、学生が学びやすいように
工夫されている。また、私は、自身の経験から患者さんの心理的なフォ
　　　　　　≫具体例2・よいと思った理由
ローについても関心をもっている。貴学には「患者の心理ケア」などの
講義科目があり、この点について学べるところも魅力的である。貴学の
　　　　　　　　　　　　　　　　　　　具体例3・よいと思った理由≫
教育理念である「患者の心と体を支えられる医療人の育成」も、私の考
えと一致し、大いに共感している。私は、夏休みに貴学のオープンキャ
ンパスに参加したが、大学全体が静かな環境にあると感じた。図書館が
夜間も開館している点は、課題や実習などで長時間の学習が必要な際に
便利だ。このように、学習に励むのに最適な環境であることも魅力的だ。
≫段落のまとめ
以上の理由から、ぜひとも貴学に進学し、社会に貢献できる看護師を
　　▲全体の結論（＝まとめの段落）を置いて、文章をまとめている
目指したい。入学後は全力で学業に取り組む決意である。

採点者の評価

前半の「看護師になりたいと考えた理由（＝看護学部
を選んだ理由）」では、その人にしか書けない動機が
具体的な言葉で語られています。
また、後半の「この大学を選んだ理由」についても、
具体的に書けており、納得感のあるものです。

まとめ

▶ 字数が多いときには、「理由」にあたる部分も、「具体例」を交えて
しっかり書き込む。

▶ 「私だからこそ言える理由」を書くことによって、答案としての説得
力が高まる。

▶ 冒頭部分で設問に対する答えを示し、末尾の段落で改めて意欲を示
すと、文章の形が整い、志望理由としてもわかりやすくなる。

4 設問の指示が複雑な 志望理由書①

志望理由書の中には、単に「志望理由を述べよ」という指示ではなく、もっと複雑な聞き方をしているものがあります。
たとえば、次のようなケースです。

モデル

Dさん

● 理学部志望

子どものころに、昭和新山が火山活動によって短期間で山になったことを知って、とても驚いた。
地球内部の仕組みに興味がある。

設問

志望理由書

　あなたはなぜ理学部を志望しているのか、大学入学後はどのようなことを学びたいと考えているか、また、卒業後の進路についても述べよ。

書類の冒頭に「志望理由書」と書いてありますが、実際の記入欄には、「あなたはなぜ理学部を志望しているのか、大学入学後はどのようなことを学びたいと考えているか、また、卒業後の進路についても述べよ」という**細かな指示**が書かれています。**この場合は、もちろん、この指示に従って書きます。**

　「志望理由書」だから、いつでも「なぜその分野を学びたいのか」「他にも大学がある中で、なぜその大学を選んだのか」の２点セットで書けばよいということにはなりません。それは、「本学○○学部を志望した理由を述べよ」と指示された場合の書き方です。

　では、今回のような指示ではどのように書いたらよいのかを考えてみましょう。字数の指定はありませんが、仮に800字くらい書けるスペースがあったとして考えてみます。

　指示が複雑になっている場合は、まず、**「聞かれていること」がいくつあるのか**を整理します。

　ここで「聞かれていること」は、

- **あなたはなぜ理学部を志望しているのか**
- **大学入学後はどのようなことを学びたいと考えているか**
- **卒業後の進路について**

　この３つです。どれも同じくらいの重みがある質問ですから、特定の項目に字数を多めに配分したほうがよいという印象は受けません。ですから、**３つの項目それぞれについて、大体同じくらいの字数にすることを目安にしましょう。** １つの項目につき300字弱というイメージになりますね。なお、これはあくまでも目安ですので、多少のばらつきは許容範囲です。

　まずは１つ目の項目から考えましょう。この項目で問われていることは、**「あなたはなぜ理学部を志望しているのか」**です。前に、このタイプの設

問では「なぜその分野を学びたいのか」という要素は答えとして必須だが、「なぜこの大学を選んだのか」という要素が必要かどうかはケースによると述べました。

　今回の設問の３つの項目は、なぜ理学部を選び、ここで何を学び、学んだことをいかして卒業後はどうするのか、という流れになっています。ここから、**出題者は、受験生が理学という学問分野を選択したことに対して関心を寄せているのだということがわかります**。そのため、最初の質問の答えの中に「なぜこの大学を選んだのか」という要素を入れる必要性は感じられません（入れても、間違いとまでは言いませんが）。最初の質問に対しては、「なぜ理学分野を学びたいのか」だけを書けばよいでしょう。このように、**何を書くべきかを、設問全体から判断していく必要があります**。

　それでは、書く材料を集めていきましょう。
　「あなたはなぜ理学部を志望しているのか」という設問に対する**「直接的な答え」**を考えます。

理学部を志望したのは、
地球内部の仕組みに興味があるからです。

問われて いること①	なぜ理学部を志望しているのか
直接的な 答え	地球内部の仕組みに興味があるから \new!/

　ここで気になるのは、「地球内部の仕組み」では、漠然としすぎているところです。
　採点者にはっきりとしたイメージをもってもらうために、**「具体例」**を挙げてみましょう。

地球内部の仕組みの中でも、
特に、火山活動や地震の起こるメカニズム、
プレートが移動する仕組みなどに興味があります。

問われて いること①	なぜ理学部を志望しているのか
直接的な 答え	地球内部の仕組みに興味があるから
具体例	\new!/ 火山活動、地震の起こるメカニズム、プレートが移動する仕組みなど

　具体的な話が出てきたのはよいのですが、字数との兼ね合いを考えます。はじめに確認したように、この項目に割けるのは300字弱です。**少ない字数の中にあれもこれも入れようとすると中途半端になり、結局何も印象に残らない**という結果になってしまいます。

　こういう場合には、**言いたいことを1つに絞って書く方が得策です**。たとえば「火山活動」に最も興味があるのなら、はじめからそこに絞りましょう。そのうえで、関心をもつようになった**「理由」**を書き加えます。

子どものころに昭和新山を見学したんです。
火山活動によって短期間で山になったと知って、
とても驚きました。

問われて いること①	なぜ理学部を志望しているのか
直接的な 答え	地球内部の仕組みに興味があるから
具体例	\new!/ 火山活動

興味を もった理由	子どものころに昭和新山を見学した。火山活動により短期間で山になったと知って、とても驚いた \new!/

火山活動に関心をもった「理由」がまとまってきました。ただ、この時点ではまだ「ちょっと興味がある」というレベルです。そこから、どのように「理学部に進学したい」と考えるまでになったのかを知りたいところです。**自分の考えたことや思ったことを、「具体例」で掘り下げます。**

地球の内部に興味をもったので、火山について図鑑や本で調べました。日本は活火山が多く、噴火によって被害が発生していることを知りました。そのような被害を減らすために、火山の仕組みを詳しく研究したいと思いました。

問われて いること①	なぜ理学部を志望しているのか
直接的な 答え	地球内部の仕組みに興味があるから
具体例	火山活動
興味を もった理由	子どものころに昭和新山を見学した。火山活動により短期間で山になったと知って、とても驚いた
具体的な 行動	火山について図鑑や本で調べた \new!/
調べたこと の具体例	日本は活火山が多く、噴火で被害が発生したことを知った \new!/
段落の まとめ	噴火による被害を減らすために、火山の仕組みを詳しく研究したい \new!/

これくらい「理由」と「具体例」を書き込めば、「理学部に進学したい」という思いが伝わりそうです。

続いて、2つ目の項目である**「大学入学後はどのようなことを学びたいと考えているか」**について材料を集めます。

1つ目の項目の最後で「噴火による被害を減らすために、火山の仕組みを詳しく研究したい」ということを書いたので、これについてさらに説明する必要があります。そのために、**学びたいことの「具体例」を出します**。

ただし、やみくもに出してしまうと、まとまりがなくなります。どのような学問分野でも、まずは**基礎的なこと**から学ぶ必要があります。それができたうえで、**発展的な研究**ができるようになるのです。これを踏まえて、採点者に伝わりやすいように、**時間の流れに沿って材料を出してみましょう**。

> まずは、火山の成り立ちや地球内部のことを学びます。世界中の火山の種類や火山活動などを知りたいです。また、実際に火山を訪れて、自分自身で調査をしたいと思っています。そのうえで、防災面について詳しく研究していきたいと考えています。

問われていること②	大学入学後はどのようなことを学びたいと考えているか
直接的な答え	はじめに基礎を学び、そのあとに発展的なことを学ぶ \new!/
具体例（基礎編）	火山の成り立ち、地球内部のことを学ぶ \new!/
	世界中の火山の種類や火山活動などを知る \new!/
	実際に火山を訪れ、自分自身で調査する \new!/
具体例（発展編）	防災面について詳しく研究する \new!/

基礎から発展に向かって、**「具体例」**が出せています。

さらに、防災面について詳しく研究したいと思った**「理由」**を書き加えていきましょう。

御嶽山の噴火などのように、
火山の噴火は大きな災害になることもあります。
どうすれば被害を減らすことができるかを考えたいです。

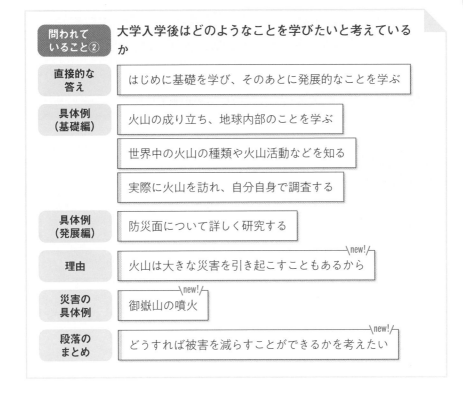

問われていること②	大学入学後はどのようなことを学びたいと考えているか
直接的な答え	はじめに基礎を学び、そのあとに発展的なことを学ぶ
具体例（基礎編）	火山の成り立ち、地球内部のことを学ぶ
	世界中の火山の種類や火山活動などを知る
	実際に火山を訪れ、自分自身で調査する
具体例（発展編）	防災面について詳しく研究する
理由	火山は大きな災害を引き起こすこともあるから \new!/
災害の具体例	御嶽山の噴火 \new!/
段落のまとめ	どうすれば被害を減らすことができるかを考えたい \new!/

　防災面について詳しく研究したいと思った「理由」を「具体例」とともにまとめることができました。2つ目の項目は、これくらい材料が集まっていればよいでしょう。

続いて、最後の**「卒業後の進路について」**という項目の材料を集めていきます。「卒業後の進路」は、高校３年生の時点ではまだはっきりと決まっていない人も多いかもしれませんが、これを機会に考えておきましょう。

　大まかな進路としては、**大学院**に進学するのか、それとも**就職**するのか、という選択があります。まずはここを明確にして、**「進学」ならどんなことを研究するのか、「就職」ならどんな仕事をするのかを具体的に書きます。**

> 卒業後は大学院に進んで研究を深め、
> 将来は防災関係の仕事に就きたいと考えています。
> 大学院では、火山の噴火の兆候をいち早くとらえる技術を研究したいと思っています。
> 卒業後は、気象庁で火山の観測をしたいと考えています。

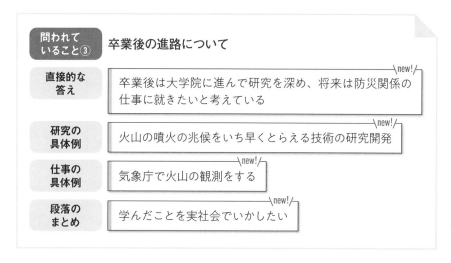

問われていること③	卒業後の進路について
直接的な答え	卒業後は大学院に進んで研究を深め、将来は防災関係の仕事に就きたいと考えている \new!/
研究の具体例	火山の噴火の兆候をいち早くとらえる技術の研究開発 \new!/
仕事の具体例	気象庁で火山の観測をする \new!/
段落のまとめ	学んだことを実社会でいかしたい \new!/

　このように、大学院での研究や就職したあとの仕事について、**「そこで何をするのか」**という具体的な例が出せるとよいでしょう。

以上、3つの項目について、それぞれ材料を出すことができました。まとめると、次のようになります。

問われていること①	**なぜ理学部を志望しているのか**
直接的な答え	地球内部の仕組みに興味があるから
具体例	火山活動
興味をもった理由	子どものころに昭和新山を見学した。火山活動により短期間で山になったと知って、とても驚いた
具体的な行動	火山について図鑑や本で調べた
調べたことの具体例	日本は活火山が多く、噴火で被害が発生したことを知った
段落のまとめ	噴火による被害を減らすために、火山の仕組みを詳しく研究したい
問われていること②	**大学入学後はどのようなことを学びたいと考えているか**
直接的な答え	はじめに基礎を学び、そのあとに発展的なことを学ぶ
具体例（基礎編）	火山の成り立ち、地球内部のことを学ぶ
	世界中の火山の種類や火山活動などを知る
	実際に火山を訪れ、自分自身で調査する
具体例（発展編）	防災面について詳しく研究する
理由	火山は大きな災害を引き起こすこともあるから

災害の具体例	御嶽山の噴火
段落のまとめ	どうすれば被害を減らすことができるかを考えたい

問われていること③	**卒業後の進路について**
直接的な答え	卒業後は大学院に進んで研究を深め、将来は防災関係の仕事に就きたいと考えている
研究の具体例	火山の噴火の兆候をいち早くとらえる技術の研究開発
仕事の具体例	気象庁で火山の観測をする
段落のまとめ	学んだことを実社会でいかしたい

これをもとにして、答案をまとめていきます。**最後に、答案全体のまとめとして、自分自身の意欲を示して終わるとよいでしょう。**

バッチリ
答案例

　私は地球内部の活動、特に火山活動の仕組みを解き明かしたいと考え、
≫なぜ理学部を志望しているのか・具体例
理学部を志望する。日本は火山国であり、その仕組みを研究することは
防災の面からも大変意義があると考える。私は子どものころに洞爺湖温
　　　　　　　　　　　　　　　　　　　　　　　　　≫興味をもった理由　とうやこ
泉を訪れたことがあるが、昭和新山は、畑だった所が火山活動により短
期間で山になったと知り、とても驚いた記憶がある。なぜこのような不
思議な現象が起きるのか、地球の内部はどうなっているのか、とても興
味をもった。図鑑や本で調べるうちに、日本は活火山が多く、噴火によ
≫具体的な行動・調べたことの具体例
って大きな被害が発生したことを知った。こうした被害を減らすために
　　　　　　　　　　　　　　　　　　　≫段落のまとめ
も、火山活動について詳しく研究したい。
　大学入学後は、まず、火山の成り立ちについて学びたい。火山は地球
≫大学入学後はどのようなことを学びたいと考えているか・具体例（基礎編）

内部と深く関わっている。地球内部はどのようになっていて、なぜ火山が噴火するのかを学びたい。また、日本をはじめとした世界中の火山についても学びたい。どのような種類の火山があり、どのような火山活動をしているかについても知識を深めたい。実際に火山を訪れ、自分自身で噴火活動を調査することも必要だ。さらに、火山は大きな災害を引き
≫具体例（発展編）・理由
起こすこともある。以前、御嶽山で噴火があり、多数の人が亡くなった。過去にどのような災害が起きたかを知り、どうすれば被害を減らすこと
≫段落のまとめ
ができるのか、その方策についても研究したい。

　卒業後、私は大学院に進学したい。学部で学んだことを基礎に、火山
≫卒業後の進路について　　　　　　　　　　　≫研究の具体例
の噴火の兆候をいち早くとらえる技術の開発など、防災対策についての研究をさらに深めたい。火山の災害による犠牲者をなくすことが私の夢である。大学院を終えたあとは、気象庁などの防災機関に就職すること
≫仕事の具体例
を考えている。火山活動の観測といった仕事を通して、大学で学んだこ
≫段落のまとめ
とを実社会でいかしていきたい。

　　貴学に入学後は、目標をもち、大いに勉学に励む決意である。
　▲全体のまとめを入れている

採点者の評価

設問の３つの要素にきちんと答えることができています。それぞれの項目の中身も、「具体例」や「理由」を入れて、わかりやすく書けています。

まとめ

▶ 設問の指示が複雑な場合は、まずは「聞かれていること」がいくつあるのか整理する。

▶ それぞれの項目別に、設問に対する「直接的な答え」を挙げて、「理由」や「具体例」で材料を集める。

設問の指示が複雑な 志望理由書②

質問のあとに「注意事項」がつけられているケースもよくあります。
この場合は、当然のことながら、注意事項を考慮しながら答案を書いて
いく必要があります。

モデル

Eさん

● 国際学部志望
中学校の授業で気候変動の問題を知り、
世界中の人々が協力し合って解決していく必要があ
ると考えるようになった。

設問

本学国際学部を志望した理由を1000字程度でまとめてください。
＊記入上の注意：大学で学んだことを卒業後に社会でどのようにいか
　していくのかについても触れること。

　問われていることそのものは、**「本学国際学部を志望した理由」** ですから、
「なぜその分野を学びたいのか（＝国際学部を選んだ理由）」と「他にも大学
がある中で、なぜその大学を選んだのか」という２点を書く必要があります。

　さらに今回は、**記入上の注意**として **「大学で学んだことを卒業後に社会
でどのようにいかしていくのかについても触れること」** とあるので、この

要素も答案に入れる必要があります。これは「卒業後」の話ですから、順番としては、一番あとに持ってきます。

　以上を踏まえて、次のような答案の構成にします。

- **なぜその分野を学びたいのか（＝国際学部を選んだ理由）**

- **他にも大学がある中で、なぜその大学を選んだのか**

- **大学で学んだことを卒業後に社会でどのようにいかしていくのか**

　どれも大事な要素ですから、**３つとも同じくらいの字数配分（それぞれ300字強）にする**と考えてよいでしょう。

　さっそく材料集めに入りたいところですが、その前に、気をつけたいポイントがあります。

　１つ目の項目では、**「国際学部を選んだ理由」**を問われています。これに対して、「異文化交流に関心があり、異文化の人と積極的に交流したいから」というような答えを書いてしまうケースが多いのですが、それならば地域で開かれている「国際交流イベント」などに参加すればよいでしょう。志望理由書では、**「大学でなければできないこと」**を書くようにします。それは**「学問として研究すること」**です。そのような趣旨になるように、材料を出していきましょう。

　それでは、１つ目の**「なぜその分野を学びたいのか（＝国際学部を選んだ理由）」**について考えていきましょう。

> 気候変動などの国際的な問題に関心があるので、
> 国際学部を志望しました。

問われて いること①	なぜその分野を学びたいのか (＝国際学部を選んだ理由)
直接的な 答え	気候変動などの国際的な問題に関心があるから \new!/

　学問として成り立つ「気候変動など、国際的な問題に関心があるから」という答えが示せましたね。

　さらに内容を深めるために、国際的な問題に関心をもった**「理由」**や、関心がある問題の**「具体例」**などを書き込んでいきましょう。

中学校の授業で、気候変動が大きな問題になっていることを知りました。興味をもったので、本や新聞などで気候変動について調べてみました。夏休みの自由研究として、気候変動の問題をレポートにまとめました。気候変動の兆候はすでに表れているのに、対策は遅れています。

問われて いること①	なぜその分野を学びたいのか (＝国際学部を選んだ理由)
直接的な 答え	気候変動などの国際的な問題に関心があるから
関心を もった理由	中学校の授業で気候変動が大きな問題になっていることを知った \new!/
	本や新聞などで気候変動について調べた \new!/
	夏休みの自由研究として、気候変動の問題をレポートにまとめた \new!/

調べたこと の具体例	気候変動の兆候は表れているが、対策は遅れている \new!/
	各国の利害が対立している \new!/
段落の まとめ	どうすれば世界の人々が協力し合えるのかを研究したい \new!/

「なぜその分野を学びたいのか」という問いの答えとしては、**大学でなければできない学問的な研究内容**を書く必要があります。自分の答えを見直してみて、「これは大学じゃなくてもできるな」と感じるようなら、**学問的な側面から志望理由をとらえ直すようにしましょう**。

続いて、2つ目の**「他にも大学がある中で、なぜその大学を選んだのか」**について、考えていきましょう。

この大学を選んだ理由は、
1　語学の力を大きく伸ばすことができること
2　世界が抱える問題について学べる講義が多数あること
3　留学生が多いこと
に魅力を感じたからです。

問われて いること②	他にも大学がある中で、なぜその大学を選んだのか
直接的な 答え1	語学の力を大きく伸ばすことができる \new!/
直接的な 答え2	世界が抱える問題について学べる講義が多数ある \new!/
直接的な 答え3	留学生が多い \new!/

「他にも大学がある中で、なぜその大学を選んだのか」ということについて、直接的な答えを出すことができていますが、これではまだ説得力に欠けます。「語学の力を大きく伸ばすことができる」と書くのなら、それを示す**「具体例」**を出しておきたいところです。先ほど示した3つの「直接的な答え」すべてについて、この作業を行います。

> 1 半分以上の授業が英語で行われています
> 2 「気候変動と国際協力」「フェアトレード論」などの講義があります
> 3 留学生の比率が4割を超えています

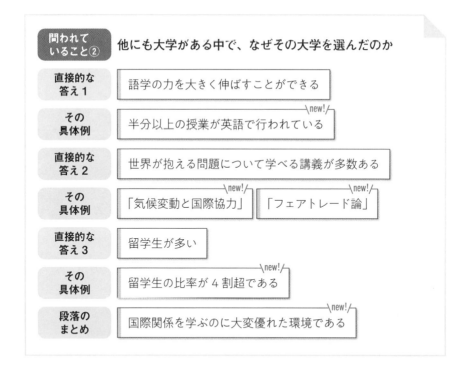

問われていること② 他にも大学がある中で、なぜその大学を選んだのか

直接的な答え1 語学の力を大きく伸ばすことができる

その具体例 半分以上の授業が英語で行われている \new!/

直接的な答え2 世界が抱える問題について学べる講義が多数ある

その具体例 「気候変動と国際協力」\new!/ 「フェアトレード論」\new!/

直接的な答え3 留学生が多い

その具体例 留学生の比率が4割超である \new!/

段落のまとめ 国際関係を学ぶのに大変優れた環境である \new!/

　この大学ならではの特色をいくつか挙げ、それぞれについて具体的な例を出せました。今回は、1つの項目について300字強が目安となりますから、これくらい材料が集まっていればよいでしょう。

それでは、最後の**「大学で学んだことを卒業後に社会でどのようにいかしていくのか」**について、材料を集めることにします。

ここで注意しておきたいのは「社会でどのようにいかしていくのか」という部分です。社会でのいかし方は、仕事だけに限りません。たとえば、自分が住む地域における話でも、社会の中でいかしていることに変わりはありません。ですから、**仕事の話だけでもかまわないですし、地域社会でどのように還元するのかという話を入れてもかまいません。**

大学で学んだことを、
仕事と地域社会の両面でいかしていきたいと思います。

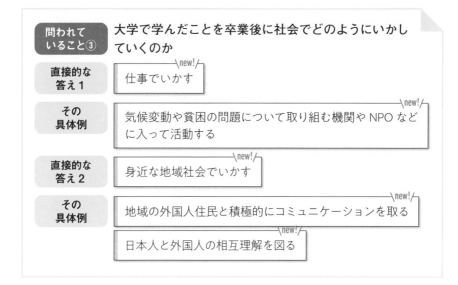

「具体例」を入れて、わかりやすく書くことができています。ただし、ここでは「大学で学んだことを卒業後に社会でどのようにいかしていくのか」ということが問われているので、**大学で学んだこととの関連性を示すようにしましょう。**

大学で身につけた
・グローバルな問題についての知識
・解決への方策を導き出す力
・異文化の人とコミュニケーションを取る力
などがいかせると思います。

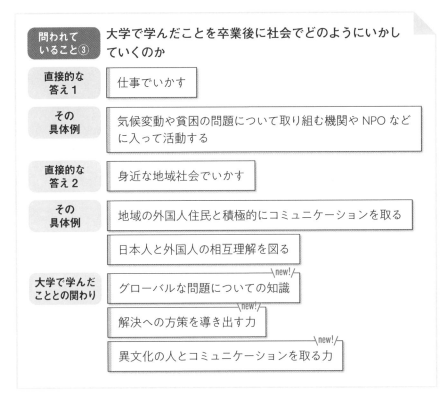

問われていること③	大学で学んだことを卒業後に社会でどのようにいかしていくのか
直接的な答え1	仕事でいかす
その具体例	気候変動や貧困の問題について取り組む機関やNPOなどに入って活動する
直接的な答え2	身近な地域社会でいかす
その具体例	地域の外国人住民と積極的にコミュニケーションを取る
	日本人と外国人の相互理解を図る
大学で学んだこととの関わり	グローバルな問題についての知識 ＼new!／
	解決への方策を導き出す力 ＼new!／
	異文化の人とコミュニケーションを取る力 ＼new!／

　大学で学んだこととの関連性が示せたことで、説得力が増しました。

　また、将来の仕事については、たとえば、「国連で仕事をしたい」といったはっきりした夢があるなら、そのような書き方をします。

　これで、すべての項目について材料を出すことができました。

　メモ全体を確認してみましょう。

問われて いること①	なぜその分野を学びたいのか （＝国際学部を選んだ理由）
直接的な 答え	気候変動などの国際的な問題に関心があるから
関心を もった理由	中学校の授業で気候変動が大きな問題になっていることを知った
	本や新聞などで気候変動について調べた
	夏休みの自由研究として、気候変動の問題をレポートにまとめた
調べたこと の具体例	気候変動の兆候は表れているが、対策は遅れている
	各国の利害が対立している
段落の まとめ	どうすれば世界の人々が協力し合えるのかを研究したい
問われて いること②	他にも大学がある中で、なぜその大学を選んだのか
直接的な 答え1	語学の力を大きく伸ばすことができる
その 具体例	半分以上の授業が英語で行われている
直接的な 答え2	世界が抱える問題について学べる講義が多数ある
その 具体例	「気候変動と国際協力」　「フェアトレード論」
直接的な 答え3	留学生が多い
その 具体例	留学生の比率が4割超である
段落の まとめ	国際関係を学ぶのに大変優れた環境である

問われて いること③	大学で学んだことを卒業後に社会でどのようにいかし ていくのか
直接的な 答え1	仕事でいかす
その 具体例	気候変動や貧困の問題について取り組む機関やNPOなど に入って活動する
直接的な 答え2	身近な地域社会でいかす
その 具体例	地域の外国人住民と積極的にコミュニケーションを取る
	日本人と外国人の相互理解を図る
大学で学んだ こととの関わり	グローバルな問題についての知識
	解決への方策を導き出す力
	異文化の人とコミュニケーションを取る力

　これを文章としてまとめていきます。今回は「1000字程度」という指示があります。これくらいの長さで書く場合には、冒頭の段落で全体を通して言いたいことを端的にまとめ、そのあとに、1つ目→2つ目→3つ目の話を書いて、最後に全体のまとめの段落をつけた方がよいでしょう。

バッチリ
答案例

私は気候変動など、国の枠組みを超えた問題の解決策を見いだしたい
▲全体を通して言いたいことを一文でまとめている
と考えており、そのために一番よい場として貴学部を志望いたします。

　私は中学校の社会科の授業で気候変動が大きな問題になっていること
≫なぜその分野を学びたいのか（＝国際学部を選んだ理由）・関心をもった理由
を知りました。自分たちの未来に関わる問題だと感じ、本や新聞などで
気候変動について調べました。夏休みの自由研究として、気候変動の問

題をレポートにまとめたこともあります。各地で巨大台風が発生したり、

>>調べたことの具体例

冬場の雪が少なくなったりなど、気候変動の兆候はすでに表れているに

もかかわらず、各国の利害が対立し、対策は遅れています。気候変動に

限らず、発展途上国での貧困問題や紛争など、国際的な支援・協力を必

要とする問題が山積みとなっています。人類全体に関わる問題であるの

になぜ国同士で意見が対立するのか、その原因を解き明かし、どうすれ

>>段落のまとめ

ば協力し合えるのかを研究したいと考えます。

　このような国際問題について研究するためには、高度な語学力が必須

>>他にも大学がある中で、なぜその大学を選んだのか・その具体例

になります。貴学部は、半分以上の授業が英語で行われており、語学の

力を大きく伸ばすことができます。また、「気候変動と国際協力」「フェ

アトレード論」など、世界が抱える問題について学べる講義が多数あり、

私の希望と合致します。さらに、大学全体では留学生の比率が４割を超

え、さまざまな文化的な背景をもった人たちと議論や交流をすることが

できます。以上のことから、貴学は大変優れた学びの環境であると言え

>>段落のまとめ

ます。

　卒業後、私は気候変動や貧困の問題について取り組む国際機関やNPO

>>大学で学んだことを卒業後に社会でどのようにいかしていくのか・その具体例

などに入り、解決へ向けて貢献したいと考えます。その際、大学で身に

>>大学で学んだこととの関わり

つけたグローバルな問題についての知識、解決への方策を導き出す力、

異文化の人とコミュニケーションを取る力などをいかすことができます。

また、大学で身につけたことは、地域社会でもいかすことが可能です。

たとえば、私の住む地域では外国人住民との交流会が開かれていますが、

>>その具体例

このような場に加わって、外国人と積極的にコミュニケーションを取り、

日本人と外国人の相互理解を図りたいと考えます。

文化や言語の違いを超えて、世界中の人々が理解し合い、問題解決に

▲最後にまとめの段落をつけている

協力し合える社会の実現に貢献することが私の目標です。そのために貴

学国際学部で学ぶことを強く希望します。

設問で問われた3つの要素それぞれにきちんと答えられています。自分が関心をもっていること、この大学ならではのよさなどについて、具体的な内容が書けています。末尾の段落も力強い言葉で締められており、勉学への意欲が伝わってきました。

　文章にまとめる作業に関して、ここで少し補足をしておきます。メモの材料は十分に集められているのに、いざ文章にまとめると、**「日本語として不自然なところがたくさんある」**という答案を目にすることがあります。たとえば、「私が中学生のときの<u>ことですが</u>、社会科の授業を受けたとき<u>のことですが</u>、気候変動が大きな問題になっていることを知りました」というように、**同じ表現を反復してしまっているケース**です。うっかりミスならまだよいのですが、「ここの表現は日本語としておかしいですよ」と指摘しても、何がおかしいのかわからないという人が大人も含めてかなりいます。

　「自分は国語力がない……」と悩んでいる人には、**きちんと整った文章をたくさん読み、実際に書き写してみることをお勧めします。**新聞の社説でもよいですし、この本に掲載されている「バッチリ答案例」でもかまいません。そうすることで、自然と正しい表現がわかってきます。

　今の時代に1から文章を書き写すのはとても面倒なことですが、逆に言うと、そういう機会がないために国語力が落ちているとも言えます。よい文章をできるだけたくさん読み、実際に書き写してみてください。

まとめ

▶ 設問に注意事項がある場合は、それも含めて「答えるべき要素」を整理する。

▶ 「社会でどのようにいかしていくのか」という質問は、仕事のことだけが答えとは限らない。

6 設問の指示が複雑な 志望理由書③

現代文の記述式問題でも、「〜を踏まえて」「〜を含めて」という条件がついている場合がありますね。

このような、付帯条件のある設問に対する書き方を学びましょう。

モデル

Fさん

● 経済学部志望

自身のアルバイト経験から、
国内の労働者の現状について興味をもつようになった。
国民皆が豊かになる社会を作りたい。

設問

経済学部を志望した理由について、入学後にどのようなことをどう学ぶのかも含めて述べよ。 900字程度

この設問も、**少し指示が複雑なので、注意が必要です。**

設問を分解すると、次のような構造になっていることがわかります。

● **経済学部を志望した理由**

条件 **入学後にどのようなことをどう学ぶのかも含める**

つまり、「経済学部を志望した理由」を書くことがメインですが、それを書くときに、**「入学後にどのようなことをどう学ぶのか」** という要素を入れなければならないということです。

　PART3 の[LECTURE]で、「○○学部を志望した理由」だけを聞かれている場合には、「なぜその大学を選んだのか」という要素は必須とまでは言えないと述べました。今回の場合は、明らかにこの要素は不要です。「経済学部を志望した理由」に続いて「入学後にどのようなことをどう学ぶのか」を聞いていますから、出題者は **「この学問分野を選んだ理由」** に関心があるということがわかります。ですから、単純に **「経済のこういうことに関心があるから、経済学部で学びたい」** ということを書けばよいのです。

　次に、「入学後にどのようなことをどう学ぶのか」の意味をよく考えます。ここで問われていることは、「どのようなことを」と「どう学ぶのか」の2つに分かれています。
　つまり、**「こういうことを学びたい(学ぶ内容)」** ということと同時に **「このように学びたい(学ぶ姿勢)」** という、2つのことを書かなければいけないということです。ここに気づけるかどうかが大きなポイントになります。

　以上を踏まえると、次のような順番で書いていけばよいのだということがわかります。

- **経済学部を志望した理由**
- **入学後にどのようなことを学ぶか(学ぶ内容)**
- **どう学ぶのか(学ぶ姿勢)**

　字数のバランスはどうすればよいでしょうか。この設問で問われていることのメインは「経済学部を志望した理由」です。あとの2つは「含めて」という聞き方からもわかるように、補足的な位置づけです。ですから、**3**

つの項目のうち、「経済学部を志望した理由」に一番多くの字数を割くという考え方でよいです。

それでは、1つ目の**「経済学部を志望した理由」**の項目について材料を集めていきましょう。

経済学部を志望した理由は、
経済や企業に関心があるからです。

問われて いること①	経済学部を志望した理由
直接的な 答え	経済や企業について関心があるから〜new!

「経済や企業について関心がある」というのは、出発点としてはよいのですが、このままでは漠然としすぎています。ですから、**特にどこに関心があるのかを掘り下げていきます**。

しかし、いきなり経済の何に関心があるのかと聞かれても難しいかもしれません。そういうときは、**自分の経験の中で経済について興味をもった具体的な場面を考えてみましょう**。そこから、気になって自分で調べたり考えたりしたことがあれば、それを入り口にすることができます。

スーパーでアルバイトをしていたのですが、
そこで働く人が「収入が少なく、生活が苦しい」
と話していたんです。
その話がきっかけで、国内の労働者の現状について
調べてみることにしました。

問われて いること①	経済学部を志望した理由
直接的な 答え	経済や企業について関心があるから
関心を もった理由	地元のスーパーでアルバイトをした。そこで働く人が、 収入が少なく、生活が苦しいと話すのを耳にした \new!/
	国内の労働者の現状について調べた \new!/
調べたこと の具体例	非正規雇用の人が増えて生活の苦しい人がたくさんいる。 その背景には、消費者の意識も影響している \new!/

先はどのメモよりもだいぶ具体的になってきましたね。ただ、「その背景には、消費者の意識も影響している」の部分については、「消費者の意識とは何のことか？」という疑問が残ります。**ここをさらに具体的にしていきましょう。**

> 物を買うなら安いほうがいいですが、
> この意識が強すぎると、価格競争が過熱して、
> 賃金が抑えられがちです。

問われて いること①	経済学部を志望した理由
直接的な 答え	経済や企業について関心があるから
関心を もった理由	地元のスーパーでアルバイトをした。そこで働く人が、 収入が少なく、生活が苦しいと話すのを耳にした
	国内の労働者の現状について調べた

調べたこと の具体例	非正規雇用の人が増えて生活の苦しい人がたくさんいる。 その背景には、消費者の意識も影響している
その具体例	「安いほうがよい」と考える意識 \new!/
問題点	価格競争が過熱し、賃金が抑えられる \new!/
段落の まとめ	国民皆が豊かに感じられる社会になるためにどうすべき なのかを研究したい \new!/

これならば、立派に経済についての問題意識をもっていることになります。

続いて、**この話と「経済学部を志望した理由」とのつながり**を考えてみましょう。

はじめに、「経済学部を志望した理由」として「経済や企業について関心がある」という答えを出していましたが、漠然とした印象になっていました。

ここまで材料を集めてみると、Fさんは「労働者と企業の関係」について関心があるのだということがわかってきました。こちらのほうが、**より焦点が定まっていて伝わりやすい**です。そこで、先ほどメモに書いた「経済や企業について関心がある」という部分を「労働者と企業の関係について関心がある」と直してみましょう。

問われて いること①	経済学部を志望した理由
直接的な 答え	労働者と企業の関係について関心があるから \new!/

このように、材料集めをしていく中でより具体的な方向性が見えてきたら、それまでに書いていた「答え」や「理由」などの内容を修正するようにします。

**　メモを使って答案の内容を整理し、どんどんブラッシュアップしていきましょう。**

　次に、2つ目の**「入学後にどのようなことを学ぶか(学ぶ内容)」**について、材料を集めてみましょう。

　経済について、まずは**基礎的**なことを学ぶ必要があるでしょうから、そこから書き始めます。そのうえで、**発展的**に学びたいことも書き加えます。

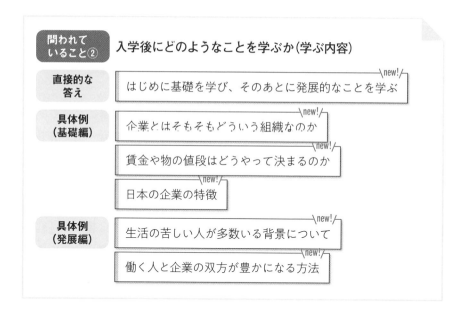

問われていること②	入学後にどのようなことを学ぶか(学ぶ内容)
直接的な答え	はじめに基礎を学び、そのあとに発展的なことを学ぶ
具体例(基礎編)	企業とはそもそもどういう組織なのか
	賃金や物の値段はどうやって決まるのか
	日本の企業の特徴
具体例(発展編)	生活の苦しい人が多数いる背景について
	働く人と企業の双方が豊かになる方法

　2つ目の項目は、基礎的な内容と発展的な内容でそれぞれ**「具体例」**が出せているので、これでよいでしょう。

最後に、3つ目の**「どう学ぶのか(学ぶ姿勢)」**の材料を集めます。

自分の行動や姿勢について問われた場合は、何か1つ**「キーワード」**を提示して、それを軸に**「具体例」**を出していくと、書きやすくなります。たとえば、「積極的に学ぶ」「主体的に学ぶ」といったものが「キーワード」になり得ます。

キーワードは「積極的な姿勢で学ぶ」にします。
授業やゼミなどでは自分から発言したいです。
わからないことは質問したり自分から調べたりします。
実際に社会で働く人に話を聞いたり企業見学をしたり、
自分から行動を起こしたいです。

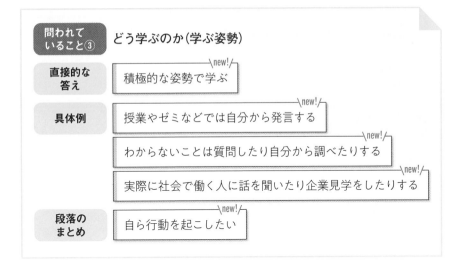

問われていること③	どう学ぶのか(学ぶ姿勢)
直接的な答え	積極的な姿勢で学ぶ new!
具体例	授業やゼミなどでは自分から発言する new!
	わからないことは質問したり自分から調べたりする new!
	実際に社会で働く人に話を聞いたり企業見学をしたりする new!
段落のまとめ	自ら行動を起こしたい new!

このような「具体例」が加わることで、説得力のある答案になります。

ここで、3つの項目全体をまとめたメモを再度確認しておきましょう。

問われて いること①	経済学部を志望した理由

直接的な 答え	労働者と企業の関係について関心があるから

関心を もった理由	地元のスーパーでアルバイトをした。そこで働く人が、収入が少なく、生活が苦しいと話すのを耳にした
	国内の労働者の現状について調べた

調べたこと の具体例	非正規雇用の人が増えて生活の苦しい人がたくさんいる。その背景には、消費者の意識も影響している

その具体例	「安いほうがよい」と考える意識

問題点	価格競争が過熱し、賃金が抑えられる

段落の まとめ	国民皆が豊かに感じられる社会になるためにどうすべきなのかを研究したい

問われて いること②	入学後にどのようなことを学ぶか(学ぶ内容)

直接的な 答え	はじめに基礎を学び、そのあとに発展的なことを学ぶ

具体例 (基礎編)	企業とはそもそもどういう組織なのか
	賃金や物の値段はどうやって決まるのか
	日本の企業の特徴

具体例 (発展編)	生活の苦しい人が多数いる背景について
	働く人と企業の双方が豊かになる方法

問われて いること③	どう学ぶのか（学ぶ姿勢）
直接的な 答え	積極的な姿勢で学ぶ
具体例	授業やゼミなどでは自分から発言する
	わからないことは質問したり自分から調べたりする
	実際に社会で働く人に話を聞いたり企業見学をしたりする
段落の まとめ	自ら行動を起こしたい

これをもとに、答案をまとめます。**今回は900字程度の字数があるので、最後に「全体の結論（＝まとめの段落）」をつけるとよいでしょう。**

バッチリ
答案例

　私は、労働者と企業の関係について関心があり、専門的に学びたいと
>>経済学部を志望した理由
考え経済学部を志望しました。私は高校時代、地元のスーパーでアルバ
>>関心をもった理由
イトをした経験があります。スーパーでは多くの人が働いていましたが、
収入が少なく、生活が苦しいという話を耳にしました。そのことが気に
>>調べたことの具体例
なった私は、本や新聞を読むなどして、国内の労働者の現状について調
べました。その結果、非正規雇用の人が増えていること、長期間賃金が
上がらず、生活の苦しい人がたくさんいることがわかりました。背景に
は、「安いほうがよい」と考える私たち消費者の意識も影響していること
>>その具体例
を知りました。たしかに、安ければ助かります。しかし、それにより価
>>問題点
格競争が過熱して、賃金が抑えられていたとしたら問題です。働く人の
生活が犠牲になっているということです。国民皆が豊かに感じられる社
>>段落のまとめ
会になるために企業活動はどうあるべきなのか、その点を研究したいと
考えています。

入学後、まずは経済の仕組みについて学びたいです。企業とはそもそ
≫入学後にどのようなことを学ぶか（学ぶ内容）・具体例（基礎編）
もどういう組織なのか、賃金や物の値段はどうやって決まるのかなど、
基本的な知識を身につけたいです。日本の企業の特徴についても関心が
あります。そのうえで、生活の苦しい人が多数いる背景について、詳し
≫具体例（発展編）
く学びたいと考えます。そして、外国の企業と日本の企業の比較をしな
がら、働く人と企業の双方が豊かになるにはどうすればよいのかを考察
したいです。

大学で学ぶにあたって、私は、積極性を大切にします。たとえば、授
≫どう学ぶのか（学ぶ姿勢）　　　　　　　　　　　　　　　　≫具体例
業やゼミなどにおいては、自分から発言することを心がけます。わから
ないことはそのままにせず、先生方に質問したり自分から調べたりする
ことを実践します。また、大学の中だけの学習にとどまらず、必要であ
れば、実際に社会で働く人に話を聞きにいったり、企業を見学させても
らったりして、自分から学びの場を広げていきます。誰かが教えてくれ
≫段落のまとめ
るのを待つのではなく、自分から行動を起こすことを意識します。

入学後は目的意識をもって学業に取り組む決意です。以上の理由から、
▲全体の結論（＝まとめの段落）をつけている
貴学への進学を強く希望します。

採点者の評価

設問の指示に従って、「経済学部を志望した理由」「入
学後にどのようなことを学ぶか（学ぶ内容）」「どう学
ぶのか（学ぶ姿勢）」の３つの点をしっかりと書けてい
ます。

まとめ

▶ 「直接的な答え」が思い浮かばない場合には、その分野に関心をもっ
た具体的な経験を思い出し、そこから自分の関心を導き出す。

▶ 自分の行動や姿勢について問われた場合は、キーワードを提示して、
それを軸に「具体例」を出していくと書きやすい。

7 設問の指示が複雑な 志望理由書④

「志望理由書」でありながら、厳密には「志望理由」を聞いていない場合もあります。
設問をしっかり確認して、問われていることを整理しましょう。

モデル

Gさん

・工学部建築デザイン学科志望

大学卒業後は大学院に進学して、
CO_2 排出の少ない建築物のアイデアを
まとめていきたい。

設問

志望理由書

　工学部建築デザイン学科であなたが学びたいと考えていること、また、学んだことを卒業後にどういかしていこうと考えているかを、800字以内で述べなさい。

「志望理由」とは「その大学で学びたい理由」です。しかし、ここで聞いていることは**「あなたが学びたいと考えていること」**であり、「その大学で学びたい理由」までは聞いていません。出題者としては、「学びたいと考えていること」を聞いておけば、それで十分だと考えて、このような問い方をしているのでしょう。

いずれにしても、**設問の指示に従って書くことが大原則**ですから、これまでどおり、問われていることを整理します。

- **工学部建築デザイン学科であなたが学びたいと考えていること**
- **学んだことを卒業後にどういかしていこうと考えているか**

両方とも大事な内容なので、字数のバランスは同じくらいにするのが理想です。ただ、今の段階で大学卒業後の話は書きづらいと思いますので、卒業後の話がやや少なめの配分になっても許容範囲です。

まず、**「工学部建築デザイン学科であなたが学びたいと考えていること」**について、材料を集めていくことにしましょう。

最初に**設問に対する「直接的な答え」**を考えます。だらだら書くと印象に残らなくなるので、一言で「これだ」と言えるような、**「キーワード」**が必要です。「何を学びたいのか」を簡潔に言い表してみましょう。

工学部建築デザイン学科では、
省エネ型の建築物について学びたいと考えています。

問われていること①	工学部建築デザイン学科であなたが学びたいと考えていること
直接的な答え	省エネ型の建築物について \new!/

続いて、そのように考えた**「理由」**を挙げていきます。

気候変動についての本を読み、
人類の未来に関わる問題であることを知りました。
便利な生活を手放すことは難しくても、
快適な生活を維持しながら気候変動を抑制する方法が
あるのではないかと考えました。

よいですね。そして、今回の設問では、800字書く必要がありますので、「省エネ型の建築物」について大学でどのようなことを学びたいと考えているのか、**「具体的な内容」**を挙げて掘り下げていきましょう。

問われていること①	工学部建築デザイン学科であなたが学びたいと考えていること
直接的な答え	省エネ型の建築物について
理由	気候変動についての本を読み、人類の未来に関わる問題であると知った \new!
	便利な生活を手放すことは難しいが、快適な生活を維持しながら気候変動を抑制する方法があるのではないかと考えたから \new!
具体例（基礎編）	建物の構造・どのように組み立てていくのか \new!
具体例（発展編）	人が建物の中でどれくらいのエネルギーを消費しているのか、どうすればそれを減らせるのか \new!
	壁や屋根の厚さでエネルギー消費がどう変わるのか \new!

学びたいことについて、**基礎**から**発展**という順番で書き出すことができました。これくらい材料が出せれば、1つ目の項目については、文章にまとめていくことができるでしょう。

　今度は、2つ目の**「そこで学んだことを卒業後にどういかしていこうと考えているか」**について、材料を出していきましょう。

　たとえば、大学院に行きたいと考えているのなら、それを書きます。さらに、学んだことを社会の中でどう活用していくのかについても材料を出してみます。

> 大学卒業後は、大学院に行きたいと考えています。大学院修了後は、学んだことを社会の中で活用していきたいです。

問われていること②	そこで学んだことを卒業後にどういかしていこうと考えているか
直接的な答え1	大学院に進んで、研究を続ける ＼new!／
直接的な答え2	大学院修了後、学んだ知識を社会でいかす ＼new!／

　大きな方向性はこれでよいでしょう。

　ただ、「直接的な答え1」については、**「実際にどのような研究をするのか」**という内容が必要です。また、「直接的な答え2」については、**「学んだことをどのように社会でいかすのか」**という内容を書き加えたいですね。ともに、**「具体例」**を挙げていくようにします。**とにかく具体的に書いていく**ということを心がけてください。

大学院では、省エネ型の建築物について研究を深め、CO_2 排出の少ない建築物の具体的なアイデアをまとめていきたいです。
大学院修了後は、環境負荷を大幅に減らした住宅やオフィスを設計したり、低コストと低環境負荷が両立する建物を作ったりすることで、学んだことを社会の中でいかしたいです。

問われていること②	そこで学んだことを卒業後にどういかしていこうと考えているか
直接的な答え1	大学院に進んで、研究を続ける
その具体例	省エネ型の建築物について研究を深め、CO_2 排出の少ない建築物の具体的なアイデアをまとめる \new!
直接的な答え2	大学院修了後、学んだ知識を社会でいかす
その具体例	環境負荷を大幅に減らした住宅やオフィスを設計する \new!
その具体例	低コストと低環境負荷が両立する建物を作る \new!

　大学院で研究したい内容と、それを社会の中でいかす方法を具体的に挙げることができましたね。

　これで、2つ目の項目についても、必要な材料を出すことができました。

　全体像は、次のようになります。
メモの最後に「全体の結論」を入れて、まとめを作るとよいでしょう。

問われて いること①	工学部建築デザイン学科であなたが学びたいと考えて いること
直接的な 答え	省エネ型の建築物について
理由	気候変動についての本を読み、人類の未来に関わる問題 であると知った
	便利な生活を手放すことは難しいが、快適な生活を維持 しながら気候変動を抑制する方法があるのではないかと 考えたから
具体例 （基礎編）	建物の構造・どのように組み立てていくのか
具体例 （発展編）	人が建物の中でどれくらいのエネルギーを消費している のか、どうすれば減らせるのか
	壁や屋根の厚さでエネルギー消費がどう変わるのか
問われて いること②	そこで学んだことを卒業後にどういかしていこうと考 えているか
直接的な 答え1	大学院に進んで、研究を続ける
その具体例	省エネ型の建築物について研究を深め、CO_2 排出の少な い建築物の具体的なアイデアをまとめる
直接的な 答え2	大学院修了後、学んだ知識を社会でいかす
その具体例	環境負荷を大幅に減らした住宅やオフィスを設計する
	低コストと低環境負荷が両立する建物を作る
全体の結論	学んだことをいかして、気候変動の抑制に貢献したい

このメモをもとに、答案をまとめていきましょう。

　私は工学部建築デザイン学科で、建築の基礎を学び、省エネ型の建物
≫工学部建築デザイン学科であなたが学びたいと考えていること
の工法について研究したい。私は中学生のときに気候変動についての本
　　　　　≫理由
を読み、気候変動は人類の未来に関わる重大な問題であると知った。私
たちの身の回りにはエアコンや給湯器などエネルギーを消費する製品が
多くあるが、一度便利な道具を手に入れるとそれを手放すことは難しい。
しかし私は、快適な生活を維持しながら気候変動を抑制する方法がある
のではないかと考えた。たとえば、壁や床の断熱性をもっと高めたり、
暖房や給湯などに自然エネルギーを利用したりすることである。

　そこで、私は建築デザイン学科で、まずは建物の構造や、建物をどの
　　　　　　　　　　　　　　　≫具体例（基礎編）
ように組み立てていくのかなどを学び、建築の基礎的な知識を身につけ
たい。そのうえで、人が建物の中で生活するのにどれくらいのエネル
　　　　≫具体例（発展編）
ギーを消費しているのか、どうすれば消費量を減らせるのかについて考
察したい。また、壁や屋根の厚さでエネルギー消費がどう変わるのかな
ど、エネルギー効率についても学び、省エネ効果の高い建物の工法につ
いても研究したい。

　卒業後は大学院に進み、学部で学んだことをさらに発展させ、エネル
　　　　≫そこで学んだことを卒業後にどういかしていこうと考えているか 1
ギー効率のよい建築物について研究を深めたい。実験等を繰り返し、
　　　　　　　　　　　　　　　　　　　　　≫その具体例
CO_2 排出の少ない建築物の具体的なアイデアをまとめていきたい。大学
　　　　　　≫そこで学んだことを卒業後にどういかしていこうと考えているか 2≫
院修了後は、学んだ知識をいかし、住宅メーカーや建築会社などに入っ
て、実際に建物の設計に携わることを希望している。太陽光などを活用
　　　　　　　　　　　　≫その具体例
して、環境負荷を大幅に減らした住宅やオフィスを設計し、普及させた
い。こうした建物が社会の中で広がっていくためには、価格が高くなら
ないことも重要である。そのため、低コストと低環境負荷が両立するよ
うな建物を設計したいと考えている。

　工学部で学んだことを大いにいかして、気候変動の抑制に貢献するこ
　　　　≫全体の結論
とが目標である。

採点者の評価

「あなたが学びたいと考えていること」と
「学んだことを卒業後にどういかしていこうと考えて
いるか」の
2つを整理して書けています。
それぞれについて具体的な内容を示せています。
設問の趣旨をきちんととらえられていますね。

PART 3 で学習したことを振り返る形で、重要なポイントを復習しましょう。

志望理由書を書く際には、**設問で問われていることを確認する（いくつ質問があるのかを整理する）**ことが重要になります。設問の指示が複雑な志望理由書の場合には、指示内容の確認をていねいに行うようにしましょう。

そのあとは、問われている項目ごとに材料を集めていきます。材料を集めるときには、**問われていることに対する「直接的な答え」**をまず考え、そのうえで、そう考えた**「理由」**と答えの中身を説明する**「具体例」**によって材料を増やしていきます。

「大学で学びたいこと」については、**基礎→発展**の順番で書くとわかりやすくなりますね。

また、全体の字数が800字くらいあるようなケースでは、**「全体の結論（＝まとめの段落）」**をつけると収まりがよくなります。

まとめ

▶ 志望理由書であっても、「志望理由」が問われていないケースもある。そのような場合も、設問の指示に従って書くことが大原則。

▶ 設問の指示が複雑な志望理由書の場合には、問われていることがいくつあるのか、何を聞いているのかをていねいに整理することが重要。

出願書類にある

いろいろな

質問事項

出願書類に書くことは「志望理由」だけではありません。
学業で取り組んだことや自己 PR など、
さまざまな質問事項に対する書き方を身につけましょう。
また、2000字の課題レポートの書き方も解説していきます。

「志望理由」以外の項目はどのように書くの？

答案を書くポイントは、これまでと同じ

　出願書類には、「志望理由」以外にもさまざまなことを記入する欄があります。 **PART 4** では、代表的な設問を例に挙げながら、どのように書いたらよいのかを解説していきます。

　「志望理由」に比べると、書ける字数が少ないことが多いので、おもに300〜500字程度の答案例を示します。なお、「課題レポート」は、長めの字数を指定されることが多いので、2000字程度の答案例も掲載しています。

　答案を書くときに押さえるべきポイントは、これまでに学んできたとおりです。

1　設問の指示を正確に理解する

2　直接的な答えを示す

3　「理由」や「具体例」で補強する

　ただし、質問によっては「2」の「直接的な答え」がなかなか出てこないということもあるかもしれません。
　そのようなときには、「2」と「3」の順番を入れ替えて考えていくこともできます。**先に具体例を考えて、それをまとめる「キーワード」を探す**ということです。これについては、後ほど説明します。

設問の正確な理解がすべての出発点

この本では繰り返し説明してきましたが、出願書類を書くときには、**「問われていることを正確に理解する」**ことが何よりも重要です。

設問文の細部に至るまでこのことを意識して読み、ちょっとしたニュアンスの違いも見逃さないようにします。

たとえば、大学入学後のことについて問う設問には、

●**「大学入学後の抱負について述べよ」**
●**「大学入学後の目標について述べよ」**

といったバリエーションがあります。一見、同じことを聞いているように見えるのですが、実は答えるべきポイントが違うということがわかるでしょうか？

出題者は、「こういうことを聞きたい」「受験生のこういうところを知りたい」という明確な「意図」をもって質問しています。合否にも関わる書類ですから、**設問の意図を確実につかみ、その意図に合った答案に仕上げていく必要があります。**

採点者の心をつかむ答案を書くためには、設問の文言の細かな違いにも気づかなければいけません。あとから、「ちょっと注意すれば気づいたことなのに……」と悔やんでも始まりません。出願書類を書くときは、設問をしっかりと確認し、その意味をよく考えるようにしましょう。この点について、PART 4 の中で詳しく解説します。

PART

4

出願書類にあるいろいろな質問事項

1 高校時代に どのように学業に取り組んだか?

高校生の本分は学業に取り組むことですから、当然、このような設問があります。
どう書けばよいのかを考えてみましょう。

モデル

Hさん

● 観光学部志望

高校時代は、英語の勉強に力を入れた。
目標を立てて勉強したことで、
苦手だった英作文を得意にすることができた。

設問

あなたは高校時代にどのように学業に取り組んできたか、述べなさい。
300字程度

改めて言いますが、答えを考える際には、設問文の**細かなニュアンス**に注意する必要があります。——どのように学業に取り組んできたか。この言葉はどういう意味でしょうか。

この言葉の意味をあまりよく考えずに、学業について書けばいいのだなと早合点して、「私は数学が得意で、学年でもトップクラスの成績を維持しました。全国模試でも好成績を上げました」というように、成果だけをアピールする答案を書いてしまう人がいます。しかし、**「どのように」**という問い

方をしていることから、この設問では、**「学業に取り組む姿勢・心がけ」の部分を聞いている**のだということがわかります。その点を答案の中心にもってこなければいけません。それを理解せずに書くと、本題からそれた答案になってしまいます。

これを踏まえたうえで、「どのように学業に取り組んできたか」という問いかけに対する**「直接的な答え」**を考えましょう。それによって、答案の全体的な方向性が決まります。たとえば、「目標をもつことを心がけた」でもよいでしょうし、「その日のうちに必ず復習することを習慣にした」でもよいでしょう。「私はこのように学業に取り組んだ」と一言で言える答えを考えます。

高校時代、学業では、
目標をもつことを心がけました。

問われて いること	高校時代にどのように学業に取り組んできたか
直接的な答え （キーワード）	目標をもつことを心がけた \new!/

問われていることに対する「直接的な答え」は、「キーワード」になるものですから、このようなシンプルなものでかまいません。

次に、この答えに対しての**「具体例」**を探します。「具体例」を示すことによって、採点者が答案の内容をはっきりとイメージできるようになります。
たとえば、「どういう目標を設定したのか」「どのくらいの期間で達成したのか」などを示していくとよいでしょう。

英語の定期テストで
毎回80点以上取るという目標を立てました。

問われて いること	高校時代にどのように学業に取り組んできたか
直接的な答え （キーワード）	目標をもつことを心がけた
目標の 具体例	英語の定期テストで毎回80点以上取るという目標を立てた \new!/

「英語の定期テストで毎回80点以上取る」という具体的な目標を示したことで、取り組んだ内容がはっきりと伝わるようになりました。

目標が具体的に示されると、それによってどういう効果があったのかということについても知りたくなりますね。

このように、**「採点者は何を知りたいか」ということを考えて、どんどん「具体例」を増やしていくようにします。**

80点以上取るという目標を定めたことで、自分のやるべきことが明確になりました。そのことによって、「もう1時間勉強を頑張ろう」という気持ちになりました。

問われて いること	高校時代にどのように学業に取り組んできたか
直接的な答え （キーワード）	目標をもつことを心がけた
目標の 具体例	英語の定期テストで毎回80点以上取るという目標を立てた

効果の 具体例	自分のやるべきことが明確になった \new!/
	「もう1時間勉強を頑張ろう」という気持ちになった \new!/

　だいぶ具体的になってきましたが、これではまだ300字程度という字数には足りないので、**もっと「具体例」を増やしていきます。**

　他にはどんなことを書けばよいのかを考えてみましょう。たとえば、勉強をしていると、うまく目標を達成できるときもあれば、そうでないときもあるでしょう。達成できなかったときには、「目標」は意味がないということになるのでしょうか？　そんなことはありませんね。原因を考えることで、次にいかすことができます。その要素も書き込んでみましょう。

目標を達成できなかったとき、その原因を分析したら、「英作文が弱かった」ということがわかったんです。うまくいかなかった原因がわかったことで、勉強の方法を修正できました。

問われて いること	高校時代にどのように学業に取り組んできたか
直接的な答え （キーワード）	目標をもつことを心がけた
目標の 具体例	英語の定期テストで毎回80点以上取るという目標を立てた
効果の 具体例	自分のやるべきことが明確になった
	「もう1時間勉強を頑張ろう」という気持ちになった
	「英作文が弱かったので目標が達成できなかった」ということがわかって、勉強の方法を修正できた \new!/

161

最後に、高校生活全体でどういう**成果**が出たのか、その**「具体例」**も書き加えるとよいでしょう。

> 2年生の後半からほぼ毎回80点以上を取れるようになり、最終的には、学年で上位1割以内に入るまでになりました。

問われていること	高校時代にどのように学業に取り組んできたか
直接的な答え（キーワード）	目標をもつことを心がけた
目標の具体例	英語の定期テストで毎回80点以上取るという目標を立てた
効果の具体例	自分のやるべきことが明確になった
	「もう1時間勉強を頑張ろう」という気持ちになった
	「英作文が弱かったので目標が達成できなかった」ということがわかって、勉強の方法を修正できた
成果の具体例	＼new!／ 2年生の後半からほぼ毎回80点以上を取れるようになり、最終的には、学年で上位1割以内に入るまでになった

ここまで材料を集めることができたら、答案としてまとめてみましょう。

バッチリ答案例

　私は高校時代「目標をもつ」ことを心がけて学業に取り組んできました。
≫高校時代にどのように学業に取り組んできたか
たとえば「英語の定期テストで毎回80点以上を取る」という目標を持ち、
≫目標の具体例
そのために自分のやるべきことを明確にしました。また、このような目
≫効果の具体例

標をもつことで、「もう1時間勉強を頑張ろう」と、自分のモチベーションも高まります。目標を達成できなかったときには「何が悪かったのか」を振り返りました。「英作文が弱かったので足を引っ張ってしまった」などと反省点を明らかにして、その後の勉強にいかしました。その結果、2年生の後半からほぼ毎回80点以上を取れるようになり、学年で上位1割以内の成績をおさめることができました。

≫成果の具体例

採点者の評価

「高校時代にどのように学業に取り組んできたか」という設問の意図を理解して答えることができています。「具体例」を挙げているので、実際にどのような取り組みをしたのかがよくわかりました。

　設問に対する「直接的な答え」を設定し、それを「具体例」で補強していくことで筋の通った答案にすることができました。

　ちなみに、設問が**「高校時代に学業を通して得たことは何か」**だったら、どう書くべきでしょうか？　この場合は、「私は、学業に取り組む中で、努力すれば必ず結果がついてくるということを学びました」などと、**「得たこと」**を答えの中心にもってくるようにします。

　設問の細部にまで意識を向けて、その意図を読み取るようにしましょう。

まとめ

▶ 最初に、設問に対する「直接的な答え」をキーワードとして設定し、そのキーワードに合わせて、「具体例」を出していく。

▶ 下書きメモを書く中で、採点者がさらに知りたくなるようなポイントが出てきたら、その点についても「具体例」を追加する。

2 高校時代に力を入れて取り組んだことは何か？

力を入れて取り組んだことが特にない……と困っている人もいるかもしれませんが、大丈夫です。
大した材料がなくても、工夫すれば十分によい答案に仕上がります。

設問

あなたが、高校時代に力を入れて取り組んだことは何か。また、そのことを今後にどういかせるか述べよ。 400字程度

これも、出題頻度の高い設問です。「高校時代に打ち込んだこと」「高校時代に頑張ったこと」など、聞き方は多少違いますが意味するところは同じです。**自分が力を入れたことをしっかりとアピールしましょう。**

それではまず、いつものように、**設問の指示を正確に理解するところから始めます。**ここでは、書くように指示されていることが複数ありますね。

まとめると、次のようになります。

- **高校時代に力を入れて取り組んだこと**
- **そのことを今後にどういかせるか**

どちらも大事なことなので、同じくらいの字数配分にするのが理想です。 ただ、高校時代のことはよくわかっているので書きやすいのですが、大学生活がどのようなものになるのかは想像することしかできないので、「今後にどういかせるか」については、書きづらいと感じる人が多いのではないでしょうか。ですから、**高校時代の話のほうがやや長くなるだろう**というイメージでとらえておいて問題ありません。

さっそく、1つ目の**「高校時代に力を入れて取り組んだこと」**の材料を集めていきましょう。

部活を頑張り、主将を務めたとか、県大会で優勝したとか、そういう華々しい話があれば誰も書くのに苦労はしません。問題は、**「大した材料がない」**という場合です。私が志望理由書の作成指導をする中でも、「力を入れて取り組んだことが特にないんです……」と言う人がたくさんいます。しかし、私の経験上、**どんな人でも何かしら書くべき材料は見つかります。あとは少し書き方を工夫すれば、立派に答案として成立します。**

まず、何を取り上げるかを考えていきましょう。特別にすごいことでなくても、「自分の高校生活の中では比較的力を入れたほうだな」と思えるレベルのものでよいのです。学業なり、部活なり、ボランティアなり、何かないか探してみます。

高校時代は一応、演劇部に入っていました。
でも、ほとんど裏方だったし、
部活もときどき休んでたし……。

うまく話を引き出せればなんとかなるかもしれません。とりあえず、これがとっかりになりそうです。**話を掘り下げていきましょう。**

　「私は高校時代、演劇部に入っていた」だと、「入っていただけ」になって、「力を入れた」とまでは言えないので、「力を入れた」ことが伝わるようにするために、それを示す**「キーワード」**が欲しいところです。
　たとえば、「私は演劇部の活動に『目標をもって』取り組んでいた」というような書き方です。こう書くと、読み手は「なるほど、力を入れていたのだな」と納得できます。そのあとは、「目標をもって」取り組んでいたことを裏付けるような**「具体例」**を出してまとめればよいのです。そうすれば、「私は高校3年間、演劇部の活動に目標をもって取り組んできました。具体的にはこういうことです……」という形で答案ができあがります。

　しかし、「目標をもって」などの「キーワード」が浮かばない場合もあるでしょう。その場合は、**活動の「具体例」から考えていきます。**大した活動はしていなかったとしても、「これはちょっと頑張ったかな」と思えるレベルのエピソードはないでしょうか。

> 発表会のときはちょっとだけ頑張りました。
> 先生に頼まれて早めに会場に行って荷物を運びました。それと、新人にはリラックスするように声をかけました。先輩から言われていたので、普段の練習では、早めに部室に入って、先に小道具などを出すようにしていました。あくまで早めに行けるときだけですが……。

　先生や先輩から言われたことではありますが、これらは「頑張ったこと」の「具体例」として使えそうです。
　ここで、「発表会」と「練習の準備」の**2つの「具体例」から「キーワード」を導き出します。**

たとえば、「縁の下の力持ち」をキーワードとし、「私は高校時代演劇部で活動し、『縁の下の力持ち』として演者を支えた」と書いたらどうでしょうか。これなら、「力を入れた」という感じが出てきます。「縁の下の力持ち」という**「キーワード」を軸にして答案を作成する**のです。

　さらに、「縁の下の力持ち」であることを証明するには、周りの人の評価の**「具体例」**もあるとよいでしょう。そのような行動を取ったときに、周囲の人からどのように言われましたか？

> 発表会のときは頑張ったので、
> 先生や出演者から「あなたがいてくれてよかった」
> と言われました。

　これは使えそうです。「縁の下の力持ち」として演者を支えたことを示す**「具体的な評価」**にあたります。

　以上のように、書くことが見つからない人は、まず、ちょっとでも頑張ったと思える**「具体的な行動の例」**を集めます。そして、**それを一言で言い表す「キーワード」を見つける**のです。

　ここまでの材料をメモにまとめると次のようになります。

問われて いること①	高校時代に力を入れて取り組んだこと
直接的な答え （キーワード）	演劇部で「縁の下の力持ち」として演者を支えた \new!/
行動の 具体例	早めに部室に入って小道具や照明などの準備を整えた。 部員がすぐに練習に入れるようにした \new!/

	発表会では、荷物を率先して運んだ。新人にはリラックスするように声をかけた \new!/
評価の具体例	部員や顧問の先生から「あなたが部にいてくれてよかった」と言われた \new!/

　活動の「具体例」をもとにして「キーワード」を導き出すという流れで、「高校時代に力を入れて取り組んだこと」の材料をしっかり出すことができました。**「大した材料がない」などと不安に思う必要はないのです。**

　続いて、2つ目の**「そのことを今後にどういかせるか」**の項目について、材料を集めていきましょう。

　高校時代は「演劇部で『縁の下の力持ち』として演者を支えた」わけですが、チームを支えるということは、大学であろうが企業であろうが常に求められることです。その経験が、これからどのようにいかせるかということについて、**「具体例」**を出してみましょう。

　大学であれば、**ゼミや研究室の運営、サークル活動**などの場面でしょう。そういう場での具体的な行動の例を考えます。たとえば、研究室の事務作業を率先して引き受けるなどがありそうですね。**必ず具体的な例を出して、採点者がイメージできるようにします。**

　「縁の下の力持ち」としての経験を、
　大学でもいかしていけるかもしれないですね。
　ゼミや研究室の運営、サークル活動などで
　事務作業を引き受けるという形で、
　チームが活動しやすくなるようにしたいです。

問われて いること②	そのことを今後にどういかせるか
直接的な 答え	\new!/ 「縁の下の力持ち」としての経験を大学生活においてもいかしていく
具体例	\new!/ ゼミや研究室の運営、サークル活動などで事務作業を率先して引き受けて、チームが活動をしやすくする
段落の まとめ	\new!/ チームの運営のために自分ができることを見つけ、積極的に貢献していく

これで、2つ目の項目についても材料を出すことができました。

今回は、「縁の下の力持ち」という **「キーワード」** を見つけたことによって、材料集めがスムーズになりましたし、1つ目の項目と2つ目の項目を上手につなげることができました。

以下に、メモの全体を示しておきます。

問われて いること①	高校時代に力を入れて取り組んだこと
直接的な答え （キーワード）	演劇部で「縁の下の力持ち」として演者を支えた
行動の 具体例	早めに部室に入って小道具や照明などの準備を整えた。部員がすぐに練習に入れるようにした
	発表会では、荷物を率先して運んだ。新人にはリラックスするように声をかけた
評価の 具体例	部員や顧問の先生から「あなたが部にいてくれてよかった」と言われた

問われて いること②	そのことを今後にどういかせるか
直接的な 答え	「縁の下の力持ち」としての経験を大学生活においてもいかしていく
具体例	ゼミや研究室の運営、サークル活動などで事務作業を率先して引き受けて、チームが活動をしやすくする
段落の まとめ	チームの運営のために自分ができることを見つけ、積極的に貢献していく

　いつもの手順なら、「直接的な答え（＝キーワード）」→「具体例」の順に考えていくのですが、「直接的な答え」と「具体例」にはつながりがあるので、**「具体例」→「直接的な答え」の順に考えていっても、最終的にはきちんとした流れを作ることができます。**

　具体的な活動の内容が先に思いつくようなら、「具体例」→「直接的な答え」の順に材料を出していってもまったく問題ありません。自分がやりやすい方法で考えていきましょう。

バッチリ
答案例

　私が高校時代に力を入れたことは、演劇部での活動です。部内では
≫高校時代に力を入れて取り組んだこと
「縁の下の力持ち」として演者を支えようと気を配ってきました。たとえ
行動の具体例≫
ば、普段の活動では早めに部室に入って小道具や照明などの準備を整え、
部活の時間が始まったら部員がすぐに稽古に入れるようにしました。演
行動の具体例≫
劇の発表会では、大道具や衣装などの荷物を率先して運び、初めて舞台
に上がる新人にはリラックスするように声をかけました。「今、チームに
は何が必要なのか」を考えて行動してきた結果、部に貢献ができ、部員
評価の具体例≫
や顧問の先生から「あなたが部にいてくれてよかった」と言ってもらう
ことができました。

170

私のこの経験は、大学でもいかすことができます。大学においても、
≫そのことを今後にどういかせるか
ゼミや研究室の運営、サークル活動など、さまざまな場面でチームプ
≫具体例
レーが求められます。そうしたときに、私はチームのために何をすべき
かを考え、行動します。たとえば、事務作業を率先して引き受けるなど、
皆が活動しやすくなるように気を配り、チームに積極的に貢献していき
≫段落のまとめ
ます。

採点者の評価

高校時代に演劇部の活動を裏方として支えたことを、
「縁の下の力持ち」という表現を使って、わかりやす
く表現できています。この経験のいかし方についても、
具体的な内容を書くことができています。

　はじめは「書くことがない」と言っていたのが、少しヒントを出すだけで、
いろいろ見つかるものです。この答案には、何も嘘は含まれていません。事
実だけで構成されています。
　**「具体例」をもとに「キーワード」を設定していけば、華々しい活動実
績がなくても、よい答案を作ることは十分に可能です。**
　書くことが思い浮かばない場合には、この方法で探してみましょう。

まとめ

▶ 「大した材料がない」という人でも、何かしらの材料は必ずある。そ
れを上手に見つけて、あとは少し書き方を工夫すれば、立派に答案
として成立する。

▶ 「具体例」をもとにして「キーワード」を見つけたら、あとは、「キー
ワード」を軸にして答案を作成すればよい。

3 自己PR文を書いてください

これも出題頻度が高いテーマです。
小さなことでもかまわないので、材料を探し出し、表現を工夫してしっかりアピールしたいものです。

設問

自己PR文を書いてください。 300字程度

まず、設問に対する**「直接的な答え」**を考えます。

「自己PR」ですから、それに対する「直接的な答え」としては、**「私はこういう魅力がある人間です」**になるでしょう。「こういう魅力がある人間」の部分に書くべき、**「キーワード」**を考えます。

答案の「キーワード」を探すときのポイントとしては、「学業や部活でこれだけのことを頑張った」という**「実績のアピール」**を中心にするか、「自分はこういう長所のある人間だ」という**「人間性のアピール」**を中心にす

るか、まずそこから考えるとよいでしょう。

● 実績のアピール

例　3年間バスケットボール部で活躍して、県大会にもレギュラーとして出場した。そのために、毎日の練習をこれだけ頑張った

例　簿記や英語などの検定試験に合格した。そのために、毎日の勉強をこれだけ頑張ってきた

● 人間性のアピール

例　私は、チームプレーができる人間である。たとえば、部活ではいつもチームメンバーのことを考えて行動した

例　私は、何事にも粘り強く取り組める人間である。たとえば、毎日コツコツ勉強して苦手教科を克服した

このとき、**他の記入欄と内容が重複しないように注意します。**
　たとえば、「高校時代に力を入れたこと」の項目で「部活でこんなふうに頑張った」ということを書いたのであれば、「自己PR」には別の話を書くようにします。なお、同じ部活の話でも、アピールするポイントが違っているなら許容範囲です。

　今回も、「あまり書くことが思い浮かばない」というケースを想定して、答案を作成していきます。「書くことがない」と思っていても、誰にでも何かしらPRできることはあるのです。**少しでも得意なこと、自分が他の人より心がけていること、頑張ったと思えることなどを挙げていきます。**

そういえば、
学校の提出物の期限は守るようにしたかな……。

うまく掘り下げれば、自己PRするための「具体例」として使えます。「期限を守る」を自己PRにするためには**「キーワード」**が必要です。「期限を守る」ことをその人のよさとして一言で言い表すと、**「責任感が強い」**になるので、これを「キーワード」にしていきましょう。

　このあとは、そのように言える**「具体例」**を集めていきます。

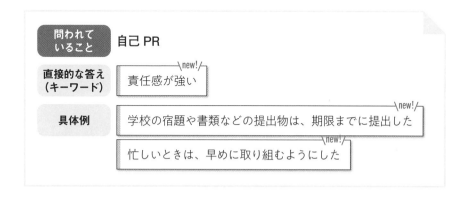

　「責任感が強い」ということを証明するためには、もう1つくらい**「具体例」**を挙げたほうが、説得力が強まります。他にないか探してみましょう。

> 係の仕事や部活の仕事もきちんとやりました。
> 体調不良で参加できないときには、
> 連絡を入れて迷惑がかからないようにしました。

問われていること	自己PR
直接的な答え（キーワード）	責任感が強い
具体例1	学校の宿題や書類などの提出物は、期限までに提出した
	忙しいときは、早めに取り組むようにした

具体例2	クラスの係の仕事や部活の仕事(掃除当番や会費集めなど)もきちんとやった \new!/
	体調不良で参加できないときは、連絡を入れるようにした \new!/

以上のメモをもとに答案を作ります。制限字数次第ですが、最後に**「大学生活でどういかせるか」**ということを加えてもよいでしょう。

バッチリ 答案例

　私は責任感の強い人間です。自分のやるべきことを**最後まで責任をもってやり遂げることができます**。たとえば、学校の宿題や書類などの提出物は、期限までに必ず提出します。**忙しかったからと言い訳はせず**、早め早めに取り組んで期限に間に合わせます。また、クラスの係の仕事や、部活で自分に割り当てられた仕事は確実にやり遂げています。掃除当番や、会費集めなど、**どのような仕事であっても手を抜きません**。体調不良など、どうしても参加できないときには、きちんと連絡を入れて、他の人に迷惑がかからないようにしています。**大学生活においても、レポートの提出期限を守る、研究室の一員としての役割を果たすなど、さまざまな場面で責任感ある行動を取りたいと思っています。**

≫自己PR
強い言葉でアピールしている▲
≫具体例1
▲強い言葉でアピールしている
≫具体例2
▲強い言葉でアピールしている
▲大学生活でどういかせるかを書いている

　答案を書くときには、**謙遜せずに強い言葉でしっかりアピールします**。自分のよさをアピールするための書類で遠慮しても、何の得にもなりません。上記の　　　　で強調したような表現が入ると、責任感の強さを印象づけることができます。

　応用編として、指定字数が多い場合の答案の書き方を考えてみましょう。**指定字数が多い場合には、答案の「キーワード」を増やして対応します。**

先ほどの答案例は300字程度ですが、仮に500字程度で書くとしたら、2つ目の「キーワード」を立てるとよいでしょう。たとえば、「チームプレーができる」ということを2つ目の「キーワード」にしてみましょう。

問われて いること	自己PR
直接的な答え（キーワード）	責任感が強い
具体例1	学校の宿題や書類などの提出物は、期限までに提出した
	忙しいときは、早めに取り組むようにした
具体例2	クラスの係の仕事や部活の仕事(掃除当番や会費集めなど)もきちんとやった
	体調不良で参加できないときは、連絡を入れるようにした
直接的な答え（キーワード）	チームプレーができる \new!/
具体例1	サッカー部で、自分が試合に出ないときも大きな声で応援し、チームの雰囲気を盛り上げた \new!/
具体例2	上級生になったときは、下級生に対してボールの扱い方のコツや効果的な筋力トレーニングの方法を積極的に教えた \new!/

バッチリ
答案例

　私は責任感の強い人間です。自分のやるべきことを**最後まで責任をも**
≫自己PR（1つ目）　　　　　　　　　　　　強い言葉でアピールしている▲
ってやり遂げることができます。たとえば、学校の宿題や書類などの提
　　　　　　　　　　　　　　　　　　　≫具体例1
出物は、期限までに必ず提出します。**忙しかったからと言い訳はせず、**
　　　　　　　　　　　　　　　▲強い言葉でアピールしている
早め早めに取り組んで期限に間に合わせます。また、クラスの係の仕事
　　　　　　　　　　　　　　　　≫具体例2

や、部活で自分に割り当てられた仕事は確実にやり遂げています。掃除当番や、会費集めなど、**どのような仕事であっても手を抜きません**。体
▲強い言葉でアピールしている
調不良など、どうしても参加できないときには、きちんと連絡を入れて、他の人に迷惑がかからないようにしています。

　また、私はチームプレーができる人間です。高校ではサッカー部で活
≫自己PR（2つ目）
動しましたが、常にチームのために何ができるかを考えて行動しました。たとえば、自分が試合に出ないときも大きな声で応援し、チームの雰囲
≫具体例1
気を盛り上げました。上級生になったときは、下級生に対してボールの
≫具体例2
扱い方のコツや効果的な筋力トレーニングの方法を積極的に教えました。自分が上達することだけでなく、チーム全体がレベルアップすることを意識しました。

　大学生活においても、さまざまな場面で責任感ある行動を取り、ともに
▲大学生活でどういかせるかを書いている
学ぶ仲間を支えていきたいと思います。

採点者の評価

自分のよいところを2つ挙げて、わかりやすくまとめることができています。強い言葉でしっかりアピールできているので、魅力的な人間像が伝わってきました。

　このように、複数の「キーワード」を入れることもできます。ただし、いくつも「キーワード」が出てくると収拾がつかなくなるので、**複数の「キーワード」を入れる場合には、2つないしは3つにすべきでしょう。**

まとめ

▶ 自己PRは、「実績のアピール」か「人間性のアピール」に大別できる。

▶ 謙遜せずに強い言葉で自分のよさをアピールする。

▶ 複数の「キーワード」を入れる場合には、2つか3つにする。

学業以外で取り組んだことは？

総合型選抜・学校推薦型選抜では、学力以外も評価の対象となるので、これもよく問われます。「具体例」や「理由」をきちんと書いて、説得力のある答案にしていきましょう。

モデル

Kさん

● 人間科学部志望
高校時代に一人暮らしの高齢者を訪問する
ボランティア活動をしていた。
高齢者に喜んでもらえたことがうれしかった。

設問

高校時代に学業以外で取り組んだこと（部活、生徒会活動、ボランティア活動など）について書きなさい。 **300字程度**

この設問で書くように指示されているのは**「高校時代に学業以外で取り組んだこと」**だけです。まずは、設問に対する**「直接的な答え」**を設定します。

私は、一人暮らしの高齢者を訪問する
ボランティア活動をしていました。

続いて、「直接的な答え」について **「具体例」** や **「理由」** を考えていきます。

> ボランティア活動を始めたのは、部活の先輩から誘われて関心をもったからです。週に一度、他のメンバーと一緒に高齢者のお宅を回りました。お茶を飲んだりお話をしたりして1時間ほど過ごします。昔の街の様子や当時の学校行事などの話を聞きました。高齢者の皆さんが大変喜んでくださいました。

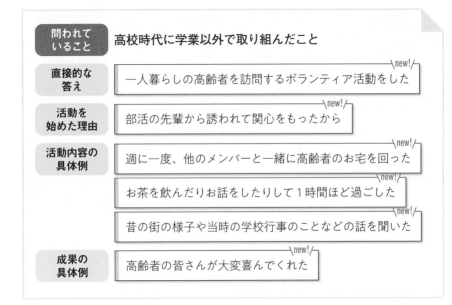

問われていること	高校時代に学業以外で取り組んだこと
直接的な答え	一人暮らしの高齢者を訪問するボランティア活動をした \new!/
活動を始めた理由	部活の先輩から誘われて関心をもったから \new!/
活動内容の具体例	週に一度、他のメンバーと一緒に高齢者のお宅を回った \new!/
	お茶を飲んだりお話をしたりして1時間ほど過ごした \new!/
	昔の街の様子や当時の学校行事のことなどの話を聞いた \new!/
成果の具体例	高齢者の皆さんが大変喜んでくれた \new!/

これで、「学業以外で取り組んだこと」に一応は答えたことになります。

ただし、これだと、**事実を書いただけなので、物足りなさが残ります。** ボランティア活動を通して考えたこと、得たことなどを加えることで、答案の中身が深まります。記入欄が2～3行しかないような場合は別ですが、**300字程度の記入欄があるのなら、「事実」だけではなく「思い」の部分も書き加えたほうがよいでしょう。**

一人暮らしの高齢者がたくさんいて、孤独感を抱えていることを知りました。普段の生活の中で、少しでも関わりを増やしていきたいと思いました。

問われていること	高校時代に学業以外で取り組んだこと
直接的な答え	一人暮らしの高齢者を訪問するボランティア活動をした
活動を始めた理由	部活の先輩から誘われて関心をもったから
活動内容の具体例	週に一度、他のメンバーと一緒に高齢者のお宅を回った
	お茶を飲んだりお話をしたりして1時間ほど過ごした
	昔の街の様子や当時の学校行事のことなどの話を聞いた
成果の具体例	高齢者の皆さんが大変喜んでくれた
考えたこと	\new!/ 一人暮らしの高齢者がたくさんいて、孤独感を抱えていることを知った
	\new!/ 普段の生活の中で、少しでも関わりを増やしていきたいと思った

「思い」 を加えたことで、答案の中身を深めることができましたね。

　最後に、「普段の生活の中で、少しでも関わりを増やしていきたい」という部分について考えましょう。「普段の生活の中で、少しでも関わりを増やしていきたい」という「思い」は理解できるのですが、**この部分はまだ抽象的なので、採点者としては、「そのために、何をするのか？」という疑問が残ります。**この部分の **「具体例」** を追加しましょう。

道ばたですれ違ったときに、
挨拶をしたり、話をしたりすることを心がけています。

問われて いること	高校時代に学業以外で取り組んだこと
直接的な 答え	一人暮らしの高齢者を訪問するボランティア活動をした
活動を 始めた理由	部活の先輩から誘われて関心をもったから
活動内容の 具体例	週に一度、他のメンバーと一緒に高齢者のお宅を回った
	お茶を飲んだりお話をしたりして1時間ほど過ごした
	昔の街の様子や当時の学校行事のことなどの話を聞いた
成果の 具体例	高齢者の皆さんが大変喜んでくれた
考えたこと	一人暮らしの高齢者がたくさんいて、孤独感を抱えていることを知った
	普段の生活の中で、少しでも関わりを増やしていきたいと思った
具体例	＼new!／ 道ばたですれ違ったときに、挨拶をしたり、話をしたりする

　最後に「ボランティア活動を通して考えたこと」と「今現在心がけていること」が加わり、納得感が得られる内容になりました。これを答案としてまとめてみましょう。

　私は高校1年の秋から、近所の一人暮らしの高齢者を訪問するボラン
≫高校時代に学業以外で取り組んだこと
ティア活動に参加しています。部活の先輩からやってみないかと誘われ、
　　　　　　　　　　　　≫活動を始めた理由
関心をもったからです。週に一度、他のメンバーと一緒に高齢者のお宅
　　　　　　　　　　　　　　　　　≫活動内容の具体例
を回り、お茶を飲んだりお話をしたりして1時間ほど過ごします。高齢
者の方からは、昔の街の様子や当時の学校行事のことなど、私が知らな
かった興味深いお話を聞くことができました。高齢者の皆さんが大変喜
　　　　　　　　　　　　　　　　　　　　　　　≫成果の具体例
んでくださったのが印象に残っています。活動に参加することで、私の
　　　　　　　　　　　　　　　　　　　　　≫考えたこと
身の回りにも一人暮らしの高齢者がたくさんいて、孤独感を抱えている
ことを知りました。道ばたですれ違ったときに、挨拶をしたり話をした
　　　　　　　　≫具体例
りするなど、ボランティア活動以外でも、少しでも関わりを増やしてい
きたいと感じました。

採点者の評価

ボランティア活動の内容だけでなく、活動を通して考
えたこともしっかり書けていますね。「具体例」が書
かれているので、実際の活動の様子がよくわかります。

　答案の内容を充実させるコツは、**読む人(=採点者)が「なぜなのかな?」**
「具体的には何をするのかな?」というような「疑問」を持ちそうなとこ
ろを、「具体例」や「理由」で補強することです。材料を出している段階で、
疑問が残りそうなところがないかを、チェックしましょう。

まとめ

▶ 「事実」だけでなく、「思い」も書くことで、中身が深まる。

▶ 読む人が「疑問」をもちそうなところを、「具体例」や「理由」で補
強する。

5 大学でどのようなことを学びたいか？

これも、頻出の質問です。
志望理由とは別に、単独で問われた場合を想定して考えてみましょう。

モデル

● 社会福祉学部志望
日本の社会福祉に関心があって、
介護の現場が抱える課題や
それを解決するための方策を学びたいと思っている。

L さん

設問

大学でどのようなことを学びたいか、述べてください。 300字程度

さっそく、**「大学でどのようなことを学びたいか」** という問いに対する **「直接的な答え」** を設定しましょう。

私は、大学で日本の社会福祉について学びたいと
考えています。

学びたい内容は「日本の社会福祉」でよいのですが、広い範囲の内容を書くと曖昧な印象になるので、**ある程度絞って、「こういう分野を学びたい」としたほうがよいでしょう。**

> 介護の現場が抱える課題や、
> それを解決するための方策を学びたいと考えています。

問われて いること	大学でどのようなことを学びたいか
直接的な 答え	日本の社会福祉に関心があり、介護の現場が抱える課題や、それを解決するための方策を学びたい \new!/

分野を示したことで、学びたい内容がはっきりしましたね。

PART 3 では、志望理由の一部として「大学でどのようなことを学びたいか」と問われた場合には、それを学びたいと考えた「私だからこそ言える理由」まで書き込んだほうがよいと述べました。これは、「私の祖母が介護を受けているのを見て、介護について問題意識をもった」といった直接的な見聞を書かなければいけないという意味ではありません。**本や新聞などを読んで介護問題に関心をもったことでもよいのです。**それも自分で見聞きした経験ですから、「私だからこそ言える理由」として成立します。

以上を踏まえて、「介護の現場が抱える課題や、それを解決するための方策」を学びたい**「理由」**や学ぶ内容の**「具体例」**を考えていきましょう。「具体例」として実際の講義科目を挙げると、方向性がわかりやすくなります。

高齢化が進む一方で、介護施設は常に人手不足です。
これは大きな問題だと思いました。
大学では、「福祉概論」や「日本の介護制度」などの
授業で、日本の介護制度の問題について学びたいです。

問われていること	大学でどのようなことを学びたいか
直接的な答え	日本の社会福祉に関心があり、介護の現場が抱える課題や、それを解決するための方策を学びたい
理由	新聞などを読んで、高齢化が進む一方で介護施設は常に人手不足だと知り、大きな問題だと思ったから \new!/
具体例	「福祉概論」や「日本の介護制度」などの授業で、日本の介護制度の問題について学ぶ \new!/

「理由」と「具体例」がきちんと書き込めましたね。

　内容をさらに充実させるために、ここで**「学ぶ」ことの意味**を少し考えてみましょう。「学ぶ」には、授業などを受けて教えてもらう**「受動的な学び」**と、自分で行動して学び取る**「能動的な学び」**があります。先ほどの、「『福祉概論』や『日本の介護制度』などの授業で、日本の介護制度の問題について学ぶ」というのは、「受動的な学び」にあたりますね。大学で学ぶにあたっては、**「主体性」**が大事になりますから、「能動的な学び」の要素も入れていくようにします。

自ら介護施設を訪問して、
現場の声から課題点を学び取っていきたいです。
また、ゼミで調べたことを発表して、
周りの人の意見を聞いて学ぶことも大事にしたいです。

問われて いること	大学でどのようなことを学びたいか
直接的な 答え	日本の社会福祉に関心があり、介護の現場が抱える課題 や、それを解決するための方策を学びたい
理由	新聞などを読んで、高齢化が進む一方で介護施設は常に 人手不足だと知り、大きな問題だと思ったから
具体例	「福祉概論」や「日本の介護制度」などの授業で、日本の 介護制度の問題について学ぶ
	介護施設などを訪れて学ぶ→現場の人の声を聞いて、現 状を知る \new!/
	ゼミの中で学ぶ→調べたことを発表し、他の人の意見を 聞く \new!/

「受動的な学び」だけでなく、「能動的な学び」についても「具体例」を出したことによって、「学びたい内容」がはっきりわかるようになりました。

これくらいまで材料が集まったら、答案を作成していきましょう。

バッチリ
答案例

　私は日本の社会福祉に関心があり、特に日本の介護の現場が抱える課
≫大学でどのようなことを学びたいか
題や、それを解決するための方策について学びたい。新聞や本を読んで、
高齢化で介護を必要とする人が増えている一方、介護施設では仕事を辞
≫理由
める人が多く、常に人手不足であると知った。今後ますます高齢化が進
む中でこれは大きな問題だと考える。私は「福祉概論」や「日本の介護
≫具体例
制度」などの授業を通して、日本の介護制度にどのような問題があるの
かを学びたい。また、実際に介護施設などを訪れ、職員や利用者の声を

聞いて、現状を知るとともに解決へ向けてどうすればよいのかを考えたい。調べたことはゼミの中で発表し、他の人の意見を聞くことで、学びを深めていく。貴学での学びを通して、日本の福祉がよりよくなる方策を考察していきたい。

採点者の評価

大学での学びについて、
講義だけでなく、主体的な学びについても
きちんと書けていますね。
大学で学ぶことに対する意欲を感じる答案です。

　大学の授業に出たことがない状態で、「何を学ぶか」と問われても、戸惑うかもしれませんが、これくらいの「具体例」は出しておきたいところです。
　実際に大学に入ったら、やりたいことが変わることもあるでしょうが、それはかまいません。**現時点で学びたいことを書けばよいのです。**
　大学案内などを見て、「どんな講義があるのか」「どんなゼミや実習があるのか」などを調べておきましょう。

まとめ

▶ 本や新聞などを読んで関心をもったことも、「私だからこそ言える理由」として成立する。

▶ 大学で学びたいことを説明する場合には、授業などを受けて教えてもらう「受動的な学び」だけではなく、自分で行動して学び取る「能動的な学び」の要素も入れるようにするとよい。

6 大学入学後の抱負・目標は？

高校時代のことだけでなく、大学に入学したあとのことについても問われます。

どういうビジョンをもって大学生活に臨むのかを考えておきましょう。

大学入学後の抱負・目標については、次のような指示が考えられます。

- 「大学入学後の抱負について述べよ」
- 「大学入学後の目標について述べよ」

　一見同じ意味のように思えるかもしれませんが、**この2つは書くことが違ってきます**。どのように違うのか考えながら、答案を作成してみましょう。

設問

あなたの大学入学後の抱負について述べてください。　300字程度

「抱負」とは、漢字の意味から考えると、**「自らが抱いたり背負ったりしている思い」**ということです。**「こういう大学生活を送ります」**という決意表明と言ってもよいでしょう。

もちろん、学業、課外活動、アルバイトなど、いろいろとやってみたいことはあるでしょうが、学生の本分は学業ですから、**学業を中心に書く**ようにしましょう。

まず、設問に対する**「直接的な答え」**を考えます。

「私は大学に入ったらこうしたい」というのが答えになりますから、「こうしたい」にあてはまる**「キーワード」**を考えてみましょう。

私は、大学に入ったら、
意欲的な姿勢で学業に取り組みたいと思っています。

問われて いること	大学入学後の抱負
直接的な 答え	意欲的な姿勢で学業に取り組む \new!/

「キーワード」については、これでよいでしょう。

このあとは、「意欲的な姿勢」の**「具体例」**を挙げながら、自分の言いたいことを補強していきます。

授業の課題やレポート以外にも、
関心のあるテーマを探して研究したいと思います。
ゼミでは積極的に発言し、
さらに、語学力も高めたいです。

問われて いること	大学入学後の抱負
直接的な 答え	意欲的な姿勢で学業に取り組む
具体例	授業の課題やレポート以外にも、関心のあるテーマを探して研究する \new!/
	ゼミでは積極的に発言する \new!/　　語学力を高める \new!/

3つ目の「具体例」である「語学力を高める」については、これだけだと、具体的なイメージがわかないので、その部分の**「具体例」**を出しましょう。

また、**学業のことをメインで書いたうえで、学業以外の「課外活動」などについても、少し触れておくとよいでしょう。**

> 大学の授業以外にも、語学教本などで学び、英語検定やフランス語検定にも挑戦したいです。
> あとは、中学のときから続けているバレーボールを、大学でもやっていきたいと思います。

問われて いること	大学入学後の抱負
直接的な 答え	意欲的な姿勢で学業に取り組む
具体例	授業の課題やレポート以外にも、関心のあるテーマを探して研究する
	ゼミでは積極的に発言する　　語学力を高める

具体的な行動	大学の授業以外にも、語学教本などで学ぶ \new!/
	英語検定やフランス語検定にも挑戦する \new!/
補足	バレーボールのチームに加わり、継続してスポーツに取り組む \new!/

これくらいまで固まったら、答案にしてみましょう。

バッチリ 答案例

　私は大学入学後、意欲的な姿勢で学業に取り組んでいきたい。たとえ
≫大学入学後の抱負　　　　　　　　　　　　　　　　　　　≫具体例
ば、授業で出された課題やレポート以外にも、自ら関心のあるテーマを
探し出し、研究していく。ゼミでは考えたことを積極的に発言し、議論
を深めていく役割を担いたい。また、将来は留学をしたいと考えている
ので、語学力を高めていくつもりだ。大学の語学の授業で勉強する以外
　　　　　　　　　　　　　　　　　　≫具体的な行動
にも、さまざまな語学教本などを活用して学んでいく。そのうえで、英
語検定やフランス語検定など、語学の検定試験にも挑戦する。この他、
　　　　　　　　　　　　　　　　　　　　　　　　　　　≫補足
課外活動にもぜひ参加したい。中学時代からバレーボールを続けている
ので、大学でもチームに加わり、継続してスポーツに取り組んでいく。

採点者の評価

「意欲的な姿勢」で学業に取り組むという「抱負」を、
「具体例」を交えながら説得力をもって書けています。

「あなたの大学入学後の抱負について述べてください」という設問の答案
としては、これでOKです。

では、次のような設問の場合は、どのように答えればよいでしょうか？

設問

あなたの大学入学後の目標について述べてください。 300字程度

この場合は、先ほどの答案例ではちょっと物足りません。

「**目標**」という言葉は、その漢字から意味を考えてみると、「**目指すべき標的**」ということになります。つまり、「抱負」よりも、もっとはっきりとした標的を定めなければなりません。

たとえば、語学検定について書くなら、「英語検定では○級を取る」など、**はっきりした「目指すべき標的」を示す必要があります。**

先ほどの答案を「大学入学後の目標」という設問にふさわしい内容にすると、どうなるでしょうか。書き換えるポイントは、次の通りです。

- 意欲的な姿勢で学業に取り組んでいきたい
  ➡ **具体的にどのようなことを学びたいのか？**

- 自ら関心のあるテーマを探し出し、研究していく
  ➡ **どんなテーマをどのように研究するのか？**

- 語学の検定試験にも挑戦する
  ➡ **どれくらいのレベルの級を取りたいのか？**

- 大学でもチームに加わり、継続してバレーボールに取り組んでいく
  ➡ **チームでは、何を目指していくのか？**

これらを踏まえて、答案を書いていきましょう。

バッチリ 答案例

　大学入学後の目標は、自分が関心をもっている「世界の貧困問題」の
≫大学入学後の目標
解決策を見いだすことである。そのために、授業で学ぶだけでなく、自
≫具体例
ら文献を調べたり、現地で調査をしたりして、主体的に研究を進めてい
きたい。また、３年次には留学することが目標である。そのために、語
≫大学入学後の目標
学力を高めていきたい。大学の語学の授業で勉強する以外にも、さまざ
≫具体的な行動
まな語学教本等を活用して学んでいく。その上で、検定試験にも挑戦し、
英語検定１級、フランス語検定準１級取得を目指す。この他、課外活動
≫補足
として中学時代から続けているバレーボールの活動にも参加したい。
チームのレギュラーメンバーとして活躍することが目標である。

採点者の評価

「目標」という言葉の意味を理解したうえで、どのよ
うなことを目指していくのか具体的に書けています。
設問の意図をしっかりとつかんでいますね。

　少し書き方を変えただけですが、これならば、「大学入学後の目標」とし
て通用します。
　「抱負」と「目標」は、同じ意味であるようにとらえられがちですが、**そ
れぞれの言葉の意味をよく考えて答案を書かなければ、採点者が納得す
る答えを書くことはできません。**

まとめ

▶ 「抱負」と「目標」は、違うものである。それぞれの漢字の意味から、
　出題の意図をとらえる。

▶ 「目標」を答える場合には、はっきりとした「目指すべき標的」を示す。

7 大学入学後の 学習計画は？

これも、比較的よく問われるテーマです。
「抱負」「目標」とはまた意味が違います。言葉の意味をよく考えて書いていきましょう。

モデル

● 文学部哲学科志望
幼いころから物事をじっくり考えるのが好きだった。
大学では、カントを学びたい。

Nさん

設問

あなたの大学入学後の学習計画について述べてください。 500字程度

PART 2 で説明したように、**「計画」**とは、**時間の経過に沿ってやるべきことを組み立てていくもの**です。「こういうことに取り組みます」と書くだけでは、弱い答案になってしまうので、注意が必要です。

一番よいのは、「1年次は……」「2年次は……」というように、学年ごとに区切って書いていく方法です。もし、そこまで区切るのが難しければ、「はじめの2年間では……」「後半の2年間では……」、あるいは「はじめの2年間は……」「3年次は……」「4年次は……」という書き方でもよいでしょう。いずれにしても、**時系列で何をするのかを示すようにします。**

大学にもよりますが、4年制大学の場合、**1・2年次は教養課程、2年次あるいは3年次から専門課程、4年次で卒業研究**というのが一般的です。大学案内などを見て、自分の受ける大学の教育課程がどのようになっているのかを調べて書いていきましょう。

高校生の段階で、大学の「学習計画」と言われても戸惑うかもしれませんが、1年次、2年次、3年次、4年次の各段階で設問に対する「直接的な答え（＝私はこうする）」を設定すると、書きやすくなるでしょう。

それぞれの年次で取り組みたいことを端的に言い表してみます。

私は、哲学を学びたいと思っています。
1年次には基礎を身につけ、2年次に専門的な研究を始めて、3年次に本格的な研究をします。
そして、4年次に研究の成果をまとめたいです。

問われていること	大学入学後の学習計画
直接的な答え1	1年次：哲学を学ぶ上での基礎となる力を養う \new!/
直接的な答え2	2年次：哲学専攻に所属し、専門的な研究を始める \new!/
直接的な答え3	3年次：本格的に哲学を研究する \new!/
直接的な答え4	4年次：研究の成果をまとめる \new!/

基礎的なことから始まって、段階を経て本格的な内容に進み、最後に研究のまとめをする、という流れを作ることができましたね。学部学科を問わず、4年制大学であれば、このようなイメージになると思います。

このあとは、それぞれについて、**「具体例」**を出していきます。

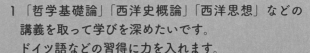

1 「哲学基礎論」「西洋史概論」「西洋思想」などの
　講義を取って学びを深めたいです。
　ドイツ語などの習得に力を入れます。
2 日本の哲学書、外国の哲学書なども読みます。ド
　イツ語の学習にも引き続き力を入れます。
3 ゼミに参加して、議論をすることで、自分の考え
　を深めます。ドイツに短期留学して、現地の講義を
　受けたいです。
4 関心があるテーマを見つけ、自分の力で調べます。
　研究テーマを卒業論文として仕上げます。

問われて いること	大学入学後の学習計画
直接的な 答え1	1年次：哲学を学ぶ上での基礎となる力を養う
その具体例	教養課程の「哲学基礎論」の講義を受講する \new!/
	「西洋史概論」「西洋思想」などの関連分野の講義を取って、学びを深める \new!/
	文献を読み解く力をつけるために、ドイツ語などの習得に力を入れる \new!/
直接的な 答え2	2年次：哲学専攻に所属し、専門的な研究を始める
その具体例	日本の哲学書だけでなく、外国の哲学書なども読む \new!/
	ドイツ語の学習にも引き続き力を入れる \new!/
直接的な 答え3	3年次：本格的に哲学を研究する

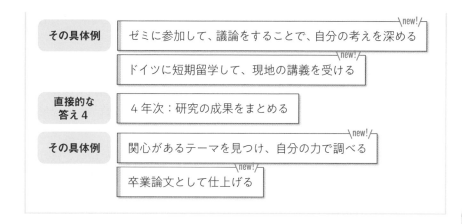

その具体例	ゼミに参加して、議論をすることで、自分の考えを深める \new!
	ドイツに短期留学して、現地の講義を受ける \new!
直接的な答え4	4年次：研究の成果をまとめる
その具体例	関心があるテーマを見つけ、自分の力で調べる \new!
	卒業論文として仕上げる \new!

1年次のところの「哲学基礎論」「西洋史概要」「西洋思想」のように、**大学の講義科目を書き込むことで、具体性が高まります**。

材料を出したら、文章としてまとめましょう。

なお、いきなり「1年次はこうする…」と書き始めると唐突な感じがするので、**冒頭部分には、「こういう姿勢で学業に取り組みます」という決意表明の段落があったほうがよいでしょう。**

バッチリ
答案例

　私は、目的意識をもって学習に取り組み、4年間を意義ある時間にし
　▲決意表明の段落を入れている
たい。具体的な計画は次の通りである。

　まず、1年次では、哲学を学ぶ上での基礎となる力を養う。教養課程
≫大学入学後の学習計画（1年次）　　　　　　　　　　　　　　　　　≫その具体例
の哲学基礎論の講義などを受講して入門的な知識を身につけたい。それ
と共に、西洋史概論、西洋思想など、関連分野の講義で学び、西洋文化
について広く教養を身につけたい。文献を読み解く力をつけるため、ド
イツ語の習得にも力を入れる。

　2年次では、教養課程で学ぶとともに、専門の研究も始めたい。日本
≫大学入学後の学習計画（2年次）　　　　　　　　　　　　その具体例≫
の哲学書だけでなく、外国の哲学書なども読み始めたい。さまざまな考

え方を比較し、哲学的な思考を身につけていく。ドイツ語の学習にも引き続き力を入れていく。

　３年次では、哲学科に所属して、本格的に哲学を研究する。哲学関連
≫大学入学後の学習計画（３年次）　　　　　　　　　　　　　　　　　　≫その具体例
のゼミに参加して、他の人とも議論をすることで、自分の考えを批判的に検証していく。また、短期間であってもドイツの大学に留学し、現地の講義を受講したい。

　４年次では、研究のまとめをする。関心があるテーマを見つけ、自分
≫大学入学後の学習計画（４年次）　　　　　　　　　　　　　　　　　　≫その具体例
の力で調べ、研究を進めていく。最終的に、４年間の成果を卒業論文としてまとめたい。

　以上の計画をもとに、自分なりに学びの成果を出していきたい。

採点者の評価

それぞれの学年における学習計画が、
しっかりと立てられていますね。
目的意識を感じられる答案です。

　ちなみに、最後の一文は、記入欄のスペース次第ではなくてもかまいません。余裕があれば、こうした締めの一言を加えるとよいでしょう。

　この節の冒頭で述べたように、もし、字数やスペースの都合で上記の答案の内容をすべて書くのが難しいときには、次のように、**１・２年次を一括して書くこともできます**。

バッチリ 答案例

私は、目的意識をもち、４年間を意義ある時間にしたい。
▲決意表明の段落を入れている
　１・２年次では、哲学を学ぶ上での基礎となる力を養う。教養課程の
≫大学入学後の学習計画（１・２年次）　　　　　　　　　　　　　　　　≫その具体例
哲学基礎論、西洋史概論、西洋思想など、関連分野の講義を取って学び、西洋文化について広く教養を身につけたい。文献を読み解く力をつける

ため、ドイツ語の習得にも力を入れる。また、国内外の哲学書も読み始めたい。さまざまな考え方を比較し、哲学的な思考を身に付けていく。

　３年次では、哲学科に所属して、本格的に哲学を研究する。哲学関連
≫大学入学後の学習計画（３年次）　　　　　　　　　　　　　　≫その具体例
のゼミに参加して、他の人とも議論をすることで、自分の考えを批判的に検証していく。また、短期間であってもドイツの大学に留学し、現地の講義を受講したい。

　４年次では、研究のまとめをする。関心があるテーマを見つけ、自分
≫大学入学後の学習計画（４年次）　　　　　　　　　　≫その具体例
の力で調べ、研究を進めていく。最終的に、４年間の成果を卒業論文としてまとめていきたい。

採点者の評価

「教養課程」→「専門課程」→「卒業研究」
の流れでまとめることで、
学習計画をわかりやすく示せています。

　どちらの書き方であっても、**「学習計画」を問われた際には、時間の流れに沿って、具体的な学習内容を示すようにしましょう。**

まとめ

▶　「計画」を問われたら、時系列で何をするのかを示す。

▶　４年制大学の場合、１・２年次は教養課程、２年次あるいは３年次から専門課程、４年次で卒業研究という流れが一般的なので、これを意識して流れを作る。

▶　冒頭の部分には、「こういう姿勢で学業に取り組みます」という決意表明の段落があるとよい。

8 大学卒業後の将来像・進路は？

大学卒業後について、「将来像」や「進路」が問われることがあります。
この2つがどのように違うのか、わかりますか？

　出願書類では、大学卒業後のことが問われているケースがあります。
　PART3 で見たように、「志望理由」とあわせて問われることもありますが、
単独で問われることもあります。医療系の学部であれば、進路がはっきりと
決まっていると思いますが、それ以外の学部の場合には、なかなかイメージ
できないかもしれません。それでも、大学卒業後のことを問われたら、ある
程度は明確にして書いていく必要があります。

　大学卒業後のことについては、次のような問い方が想定されます。これら
は、どれも少しずつ意味が違うので、注意が必要です。

- 「大学卒業後の将来像を述べよ」
- 「卒業後の進路を述べよ」
- 「卒業後、社会にどのように貢献するかを述べよ」

　まず、**「大学卒業後の将来像」**が問われたら、「将来像」つまり**「こんな風になっていたい」というイメージを提示します**。これはかなり範囲が広いと考えてよいでしょう。一番書きやすいのは「こういう仕事に就く」という話だと思いますので、まずはそれを書きます。そのうえで、「社会のこういう課題を解決したい」ということも書いてよいでしょう。

　一方、**「卒業後の進路」**を問われているのであれば、「進路」に力点が置かれますから、**就職か大学院進学か、就職するならどういう分野か、というところを書かなければいけません**。

　また、**「卒業後、社会にどのように貢献するか」**であれば、「卒業したらこういう仕事に就きます」という内容だけでは不十分です。**「仕事あるいは地域社会でこういう形で貢献します」**というように、**貢献の内容まで書かないといけません**。

　それでは、**「大学卒業後の将来像」**の場合から考えていきましょう。

> **設問**
>
> 大学卒業後の将来像について、どのように考えているかを述べてください。 300字程度

　さっそく、材料を集めるところから始めてみます。「将来像」として一番頭に浮かびやすいのは**「職業」**でしょうから、そこから考えてみましょう。なんとなくでいいので**「こんな仕事をしたい」**というイメージを探します。

私は、生命科学を学んで、
将来は、健康食品や医薬品の開発に携わりたいと
思っています。

問われて いること	大学卒業後の将来像
直接的な 答え	健康食品や医薬品の開発に携わりたい —\new!/

このあとは、**「具体例」**や**「理由」**を掘り下げていきます。「健康食品や医薬品の開発に携わりたい」だけだと、「具体的には何をするの？」「なぜそう考えたの？」という疑問が出てきますので、そこを補っていきます。

食品メーカーや医薬品メーカーに入社し、
健康によい影響を与えるサプリメントや
医薬品の開発に取り組みたいです。
日本では高齢化が急激に進んでいて、
健康寿命を延ばしていくことが重要になります。
このような製品が、病気を予防することにつながります。
食品や医薬品の研究開発を通して、
社会に貢献できる存在になりたいです。

問われて いること	大学卒業後の将来像
直接的な 答え	健康食品や医薬品の開発に携わりたい
具体例	体脂肪を減らしたり、足りない栄養素を補ったりするサプリメントの開発に関わる —\new!/

理由	日本では高齢化が急激に進んでいて、健康寿命を延ばしていくことが重要になる `new!`
	このような製品が、人々の病気を予防することにつながるから `new!`
段落の まとめ	食品や医薬品の研究開発を通して、社会に貢献できる存在になりたい `new!`

単に「サプリメントや医薬品の開発をする」と書くのではなく、さらに詳しく「体脂肪を減らしたり、足りない栄養素を補ったりするサプリメントの開発に関わる」というところまで書けましたね。**具体化すればするほど、読み手の頭にイメージがわき、わかりやすくなっていきます。**

それでは、ここまでの材料をもとに、答案としてまとめてみます。

バッチリ 答案例

　私は大学で学んだことをいかし、卒業後は健康食品や医薬品の開発に
≫大学卒業後の将来像
携わる仕事をしたいと考えています。具体的には、食品メーカーや医薬品メーカーに入社し、健康によい影響を与えるサプリメントや医薬品の開発に取り組みたいと思っています。日本では高齢化が急激に進んでお
≫理由
り、国民の健康寿命を延ばしていくことがますます重要な課題になっています。たとえば、体脂肪を減らしたり、足りない栄養素を補ったりす
≫具体例
るなどの機能をもつ製品を生み出すことは、人々の病気を予防することにつながると考えられます。私は将来、こうした食品や医薬品の研究開
≫段落のまとめ
発を通して、社会に貢献できる存在になりたいです。

大学卒業後の将来像を、
「具体例」と「理由」を用いて説明できていますね。

　この答案例では、メモの段階と少し順番を変えて、「健康寿命」の話を先に出し、「体脂肪を減らしたり……」の話をあとにもってきています。健康寿命を延ばすことが大事になっているからこそ、体脂肪を減らしたり、足りない栄養素を補ったりするサプリメントの開発が必要だという話の流れにしたほうがわかりやすくなりますね。

　このように、**メモで出した材料を使って答案を書いていく際には、文章全体の流れを考えて、適宜順番を入れ替えます。**

　また、今回の設問で書くように指示されていることは「将来像」なので、ただ「こういう会社で働く」というよりも、**「こういう存在になりたい」**という**「理想像」**を提示するような書き方が合います。最後の一文はそのような表現でまとめてあります。

　それでは、設問が**「卒業後、社会にどのように貢献するかを述べよ」**であったら、どうでしょうか。

設問

大学卒業後、社会にどのように貢献するかを述べてください。
300字程度

　この場合には、先ほどの答案例の最後の部分で述べた「将来、こうした食品や医薬品の研究開発を通して、社会に貢献できる存在になりたい」という**「貢献」**の部分を、設問に対する**「直接的な答え」**として冒頭にもってきたほうがわかりやすくなります。

答案例

　私は大学卒業後、健康食品や医薬品を開発する仕事に携わり、社会に
　▲「貢献」の部分を問われていることに対する直接的な答えとして示している
貢献したいと考えます。具体的には、食品メーカーや医薬品メーカーに

入社し、健康によい影響を与えるサプリメントや医薬品の開発に取り組

みたいと思っています。日本では高齢化が急激に進んでおり、国民の健
　　　　　　　　　　　　≫理由
康寿命を延ばしていくことがますます重要な課題になっています。た
　　　　　　　　　　　　　　　　　　　　　　　　　　具体例≫
えば体脂肪を減らしたり、足りない栄養素を補ったりするなどの機能を

持つ製品を生み出すことは、人々の病気を予防することにつながると考

えられます。食品や医薬品の研究開発を通して健康な人たちを増やして
　　　　　　≫段落のまとめ
いくことが私の目標です。

採点者の評価

「貢献」という問いかけに対して、
答えを明確に示せています。

　「社会貢献」について問われているので、最初にその答えを書きました。
そのあと「具体例」と「理由」を書いていくのは、先ほどの答案例と同じで
す。

まとめ

▶ 「大学卒業後の将来像」が問われたら、「こんな風になっていたい」
というイメージを提示する。

▶ 「卒業後の進路」が問われたら、就職か大学院進学か、就職するなら
どういう分野か、という「進路」を明確にする。

▶ 「卒業後、社会にどのように貢献するか」が問われたら、「貢献の内
容」まで書く必要がある。

どのような点で
医療者に向いているか？

医療系の学部でよく問われるものです。人命に関わる仕事だけに、医療職への適性を見ようという意図があります。
自分の性格や長所などを考えて書いていきます。

Pさん

● 医学部志望
子どものころから医療ドラマが好きだった。
臨床医になって腕を磨き、
たくさんの人の命を救いたいと考えている。

設問

あなたはどのような点で医師に向いていると考えるか、述べよ。
500字程度

まず、注意しなければならないことがあります。ここで問われていることは、「医師になりたい理由」でも「どのような医師になりたいか」でもありません。**「どのような点で医師に向いていると考えるか」**です。

ですから、「自分の性格や長所としてこういう面があって、だから医師に向いている」ということを書く必要があります。「医師としての適性を述べよ」という設問も同じ意味です。

この点をよく考えずに、「私はこのような医師になりたい」といったこと

を書いてしまうケースがありますが、それは「あなたが目指す医師像」ですので、これでは設問に答えたことになりません。

以上を踏まえて、設問に対する**「直接的な答え」**にあたる、**「私はこういう点で医師に向いている」**の内容を考えていきましょう。

「こういう点」にあてはまる**「キーワード」については、字数次第で、1つだけ挙げて説明する方法と、2つ以上挙げて説明する方法があります。**今回は500字程度書くことができますので、2つ挙げるとよいでしょう。

先に「キーワード」を立てて、あとはそれを裏付ける「具体例」を探すというやり方がスムーズですが、**「キーワード」が出てこない場合は、「経験＝具体例」から「キーワード」を導き出していきます。**

まずは、自分の性格や長所を示す**「具体例」**を考えてみます。

物理が苦手だったのですが、毎日1時間、問題を解いて克服しました。
未経験で始めたテニスは、登校を30分早めて自主練習を続け、県大会に出場することができました。

この「具体例」から、Pさんが「いろいろなことを頑張れる人間」であることはわかるので、あとはそれを「医師に向いている点」とどう結びつけるかです。

そのための**「キーワード」**を、「向上心が強い」としてみましょう。「苦手教科の克服」も「テニスの自主練習」も「向上心が強い」の一言でまとめられます。そして、医師の仕事も、「向上心」が必要な職業です。新しい手術法や治療薬が次々に生まれていますし、医師として仕事をするなら、それらを積極的に学ぼうとする「向上心」が必要です。

このようにして、**「向上心が強い」という「キーワード」を使えば、それぞれの材料を上手につなげていけそうです。**

問われていること	どのような点で医師に向いていると考えるか
直接的な答え	向上心が強い new!
理由	医師には、新しい手術法や治療薬を積極的に学ぼうとする向上心が求められるから new!
具体例	物理が苦手だったが、毎日1時間、問題を解いて克服した new!
	未経験で始めたテニスは、登校を30分早めて自主練習を続けた。県大会に出場することができた new!
段落のまとめ	私は向上心があり、医師に向いている new!

　指定された字数が300字程度など、少ない場合にはこれでも答案にすることができますが、**今回は500字程度なので、2つ目の「キーワード」を立てていきましょう。** 1つ目の「向上心が強い」という「キーワード」は、自分の中で完結する話だったので、2つ目の「キーワード」は、他人との関わりを示すものを出せるとよいかもしれません。

> 私は、相手の気持ちをくみ取るのが上手だと思います。
> クラス委員として、
> クラスメイトの意見に耳を傾けることを心がけました。
> 文化祭や体育祭の出し物などを決めるときには、
> 賛成・反対どちらの意見にも耳を傾けました。
> 人前で話すことが苦手な人には、
> 個別に声をかけて話を聞くようにしました。

　「具体例」とともに「話をよく聞き、相手の気持ちをくみ取れる」という**「キーワード」**を出すことができましたね。この「キーワード」を医師とし

ての適性につなげていきましょう。医師は患者との対話が基本です。患者の思いをくみ取った治療が求められるので、「相手の気持ちをくみ取るのが上手」な人物は、医師に向いていると言えます。

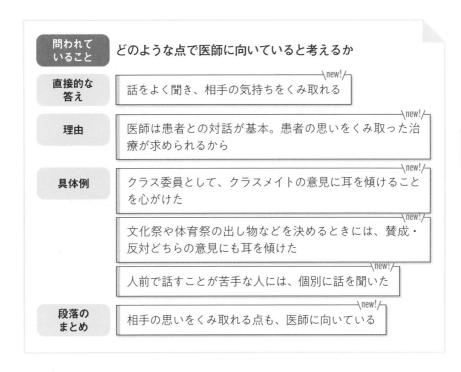

先ほどのメモと合わせて、全体を確認してみましょう。

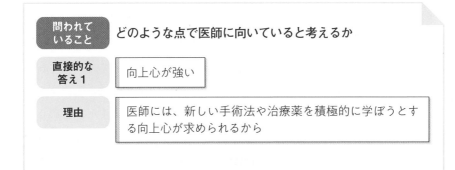

具体例	物理が苦手だったが、毎日1時間、問題を解いて克服した
	未経験で始めたテニスは、登校を30分早めて自主練習を続けた。県大会に出場することができた
段落のまとめ	私は向上心があり、医師に向いている
直接的な答え2	話をよく聞き、相手の気持ちをくみ取れる
理由	医師は患者との対話が基本。患者の思いをくみ取った治療が求められるから
具体例	クラス委員として、クラスメイトの意見に耳を傾けることを心がけた
	文化祭や体育祭の出し物などを決めるときには、賛成・反対どちらの意見にも耳を傾けた
	人前で話すことが苦手な人には、個別に話を聞いた
段落のまとめ	相手の思いをくみ取れる点も、医師に向いている

それでは、このメモをもとに、答案を書いてみましょう。

バッチリ
答案例

　私が医師に向いていると考える点は2点ある。

　1つ目は、向上心が強い点である。医療の世界は日進月歩であり、新
≫どのような点で医師に向いていると考えるか（1つ目）　≫理由
しい手術法や治療薬が次々に生まれている。医師として最適な治療をす
るためには、最新の技術や知識を積極的に学ぼうとする向上心が求めら
れる。私は高校時代、学業や課外活動で、少しでも自分を向上させよう
と意識してきた。たとえば、苦手教科であった物理は、授業の予習・復
≫具体例

習とは別に毎日1時間を取って問題を解き、最終的には苦手を克服することができた。また、未経験で始めたテニス部での活動も、登校を30分早めて自主練習を続け、最終的には県大会に出場することができた。このように、私には強い向上心があり、医師に向いていると考える。 >>段落のまとめ

2つ目は、相手の話をよく聞き、相手の気持ちをくみ取れる点である。 >>どのような点で医師に向いていると考えるか（2つ目）
医師の仕事は患者との対話が基本にある。患者の言葉に耳を傾け、その >>理由
思いをくみ取った治療が求められる。私は、高校でクラス委員を務めていたが、文化祭や体育祭の出し物など何かを決めるときには、賛成・反対どちらの意見にもていねいに耳を傾けることを心がけてきた。人前で話すことが苦手な人には、個別に声をかけて話を聞くなど、なるべく多くの人の意見が反映されるようにした。このようなことができる点も、 >>具体例
医師に向いていると考える。 >>段落のまとめ

採点者の評価

はじめに「私が医師に向いていると考える点は2点ある」と提示したあとに、2つのキーワードについてそれぞれ具体的に論証することができています。

字数としてはこれで500字強ですが、**これが800〜1000字の指定であったら、3つ目の「キーワード」を立てることも考えてよいでしょう。**

他に考えられる「キーワード」としては、「責任感が強い」や「誠実である」などが挙げられます。

まとめ

▶ はじめに「キーワード」を思いつかない場合は、自分の性格や長所を示す「具体例」から考えてみる。それが「医療者としての適性」になるように、文章を構成する。

10 目指している 教師像（医師像・看護師像）は？

教員養成系の学部や医療系の学部で問われます。
これらの学部で学ぶことは、将来の仕事と直結していますので、どういう教師、医師、看護師になりたいのかを書かせることがあります。

設問

あなたが目指している教師像について、記述せよ。 300字程度

　ここでは**「あなたが目指している教師像」**という問い方になっていますが、**「あなたが理想とする教師像（医師像・看護師）」**といった問い方であっても、考え方は同じです。

　今回は教師を例に取り上げますが、医療関係の学部を志望する人は、それぞれの職種にあてはめて考えてみてください。

さっそく、設問に対する**「直接的な答え」**を考えていきましょう。「私は、将来こういう教師になりたい」という「キーワード」を立て、それを軸に答案をまとめていきます。

すぐに「キーワード」が出てこないようであれば、自分が学校で仕事をしている場面を具体的に想像してみましょう。

さまざまな困難にぶつかりそうだなと思いました。
子どもの学力が伸びなかったり、
クラスに問題を抱えた子どもがいたり、
いろいろと大変なことがありそうですが、
一生懸命に努力しながら子どもと向き合いたいです。

このように、教員となった場面が想像できるとよいですね。「子どもの学力が伸びない」「クラスに問題を抱えた子どもがいる」といったことは、実際に仕事を始めたらいくらでも出てくることでしょう。そのようなときにも、**一生懸命に努力しながら子どもと向き合っている姿から「キーワード」を考えます。**すると、「粘り強い教師」や「何事にも一生懸命取り組む教師」と表現できそうです。あるいは、学校は子どもが主人公なので、「子ども」という言葉を入れて「子どもたちとともに成長できる教師」はどうでしょうか。この言葉を**「キーワード」**にして考えてみましょう。

さらに、困難を乗り越えるための**「具体例」**を出していきます。

専門書などを活用して、自分で指導法を研究したり、
先輩方の授業を見学したりして、
困難を乗り越えていこうと思います。

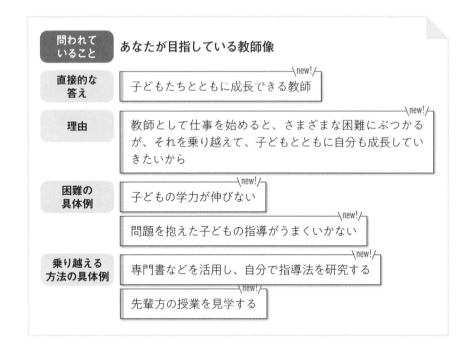

問われていること	あなたが目指している教師像
直接的な答え	子どもたちとともに成長できる教師 \new!
理由	教師として仕事を始めると、さまざまな困難にぶつかるが、それを乗り越えて、子どもとともに自分も成長していきたいから \new!
困難の具体例	子どもの学力が伸びない \new!
	問題を抱えた子どもの指導がうまくいかない \new!
乗り越える方法の具体例	専門書などを活用し、自分で指導法を研究する \new!
	先輩方の授業を見学する \new!

　これでも悪くはないのですが、「乗り越える方法の具体例」があっさりとしすぎていて、あまり「困難を乗り越えた」という感じがしません。実際の仕事では、うまくいかないことも多くありますから、**うまくいかなかった場合にはどのようにするのかということも書き込むと、困難な点も含めてリアルに想像できているのだということを、採点者に伝えられます。**

うまくいかなくても、決して諦めません。
何がよくなかったのか、
どうすればよいのかをもう一度研究します。
よりよい指導を目指して、努力を続けます。

問われて いること	あなたが目指している教師像
直接的な 答え	子どもたちとともに成長できる教師
理由	教師として仕事を始めると、さまざまな困難にぶつかるが、それを乗り越えて、子どもとともに自分も成長していきたいから
困難の 具体例	子どもの学力が伸びない
	問題を抱えた子どもの指導がうまくいかない
乗り越える 方法の具体例	専門書などを活用し、自分で指導法を研究する
	先輩方の授業を見学する
	\new!/ 一度うまくいかなかったからといって諦めず、何がよくなかったのか、どうすればよいのかを研究する
段落のまとめ	\new!/ 子どもたちを成長させるとともに、自分自身も教師として成長する

「具体例」を考えていくときに、「どんな問題が起こりそうか?」「うまくいかなかったらどうする?」などと自分に問いかけていきながら、その解決策を考えていくと、「困難を乗り越える」例を挙げることができます。**リアルに想像する**ということが大事なのですね。

それでは、これを答案としてまとめてみます。

バッチリ
答案例

私が目指すのは、子どもたちとともに成長できる教師である。実際に

≫あなたが目指している教師像　　　　　　　　　　　≫理由

教師として仕事を始めると、さまざまな困難にぶつかることが予想される。たとえば、子どもの学力が伸びなかったり、問題を抱えた子どもの指導がうまくいかなかったりというケースである。私はそうした事態に対し、自分で専門書を読んで指導法を研究したり、先輩方の授業を見学したりして、確実に乗り越えていきたい。一度うまくいかなかったからといって諦めず、何がよくなかったのか、どうすればよいのかを研究していく。よりよい指導を目指して努力を続け、子どもたちを成長させるとともに、自分自身も教師として成長していきたい。

>>困難の具体例

>>乗り越える方法の具体例

>>段落のまとめ

採点者の評価

実際の仕事で起こりうる問題や困難について、
きちんと想像しながら答案を書けています。
理想とする教師像も、わかりやすく示せていますね。

　この他に考えられる**「キーワード」**としては、「いつも子ども中心で考えられる教師」「子どもたちのもっている力を十分に伸ばせる教師」「何事にも一生懸命取り組む教師」などが挙げられます。
　「目指している医師像」であれば、「患者の思いを尊重する医師」「他の医師や看護師とチームで仕事ができる医師」「自分の知識・技術を高め続けられる医師」などが考えられます。
　「目指している看護師像」であれば、「患者のつらさを思いやれる看護師」「勉強熱心な看護師」「チームで行動できる看護師」などが挙げられます。

まとめ

▶　実際に仕事をしている場面を想像しながら「キーワード」を考える。

▶　うまくいかなかった場合にはどのようにするのかを想像し、困難を乗り越える方法も説明する。

11 自分自身の 個性・長所は？

総合型選抜は、個性のある人をとりたいという意図もあります。
あらためて、自分の個性とは何かを考えてみましょう。

モデル

Rさん

● 理学部宇宙地球物理学科志望
親や友達から「頑固」だと言われる。
頑固なことは自覚しているが、
自分の好きなことは、とことんやり遂げたい。

設問

あなたのもつ個性・特徴はどのような点か述べよ。 400字程度

　この設問の場合、「まず、私の個性は……。次に私の特徴は……」と分けて書く必要はありません。「個性」と「特徴」はほぼ同じ意味ですし、設問文の中でも同列に扱われているので、どちらか1つを念頭に置いて書けばよいでしょう。

　なお、「AとBについて述べよ」という問い方の場合は、AとBそれぞれについて書きます。「AまたはBについて述べよ」であれば、AかBどちらかを書きます。

さて、「個性」や「特徴」は、ともに**「その人らしさ」**を表す言葉です。そして、「長所」とは少し違います。「長所」は「よいところ」ですが、**「個性」や「特徴」はよくも悪くも「その人らしさ」のことなので、「個性」を聞かれたときに単なる長所を書くと、違和感を与えてしまいます。**ただ、あえてマイナスの印象を与えることは書きたくないので、さじ加減が難しいところです。

私は、自分の個性は、
頑固なところだと思っています。

「頑固」というのは、「その人らしさ」なので、「個性」と言えるでしょう。ただし、頑固なだけだとあまり魅力的に思えないので、「頑固ではあるが、だからこそ、1つのことを、信念をもってやり遂げられる」といった形で、**自分の強みを入れながら書くとよいでしょう。**

設問に対する**「直接的な答え」**を「頑固なところがある」にして、**「理由」**と**「具体例」**で補強していきます。

理由は、自分の信念を簡単には曲げないからです。
親や先生からは資格が取れる医療系や福祉系への進学
を勧められましたが、
宇宙物理学を学びたいという意志を貫きました。

問われて いること	あなたのもつ個性・特徴
直接的な 答え	頑固なところがある ＼new!／
理由	自分の信念を簡単には曲げないから ＼new!／

具体例	親や先生からは資格が取れる医療系や福祉系への進学を勧められたが、宇宙物理学を学びたいという意志を貫いた \new!/

「信念を簡単には曲げない」というところは、プラスとしてもとらえられますが、これだけだと、「他人の言うことに耳を貸さない」という印象が強くなってしまいます。そこで、**もう少し「頑固さ」が「強み」として表れた例を挙げて、フォローしていきます**。

数学で難しい問題にぶつかったときに、
1週間かかっても自分で解きました！

問われていること	あなたのもつ個性・特徴
直接的な答え	頑固なところがある
理由	自分の信念を簡単には曲げないから
具体例	親や先生からは資格が取れる医療系や福祉系への進学を勧められたが、宇宙物理学を学びたいという意志を貫いた
個性の強み	頑固であることは、物事をやり遂げることにつながる \new!/
具体例	数学で難しい問題にぶつかったときに、1週間かかっても自力で考えた。結果として、数学が得意になった \new!/

こういう話につなげれば、頑固であることをむしろ「強み」としてアピールできます。

さらに、これに**「段落のまとめ」**を加えましょう。「この個性が大学でもいきる」というところまで書けると、自分自身をアピールすることができます。

問われていること	あなたのもつ個性・特徴
直接的な答え	頑固なところがある
理由	自分の信念を簡単には曲げないから
具体例	親や先生からは資格が取れる医療系や福祉系への進学を勧められたが、宇宙物理学を学びたいという意志を貫いた
個性の強み	頑固であることは、物事をやり遂げることにつながる
具体例	数学で難しい問題にぶつかったときに、1週間かかっても自力で考えた。結果として、数学が得意になった
段落のまとめ	＼new!／ 頑固であることにこだわりたい。そのことは大学で学ぶうえでもプラスになる

ここまで材料が集まったら、答案としてまとめてみます。

バッチリ
答案例

　私は頑固なところがある人間だ。自分の信念を簡単には曲げない。た
≫あなたのもつ個性・特徴　　　　　　　　≫理由
とえば、進学する学部を決めるにあたって、親や先生からは、資格が取　具体例≫
れる医療系や福祉系を勧められた。しかし、私は子どものころから宇宙
のことが好きで宇宙物理学を学びたいという思いをもっていたので、そ
の意志を貫いた。

　私は頑固ではあるが、だからこそ1つのことを、粘り強くやり遂げら
≫個性の強み

れる。たとえば、数学で難しい問題にぶつかったとき、私は解答例を見
≫具体例
ずになんとか自分で解ける方法はないかと考える。１つの問題を解くの
に１週間くらいかかったこともあり、周りの人からは効率が悪いと笑わ
れた。しかし、徹底的に考え抜くことで、いろいろなアイデアが浮かぶ
ようになり、私は数学が得意になった。**もちろん、人の意見にまったく**
▲常識的な範囲内であることをフォローしている
耳を貸さないのは問題だが、自分が大事だと思うことについては、頑固
≫段落のまとめ
であることにこだわりたい。そのことは大学で学ぶうえでもプラスにな
るはずだ。

採点者の評価

> 自分自身のことをよく分析できています。大学でも、
> 「頑固さ」をいかして成果を上げてくれそうです。

　答案の終わりのほうでは、「もちろん、人の意見にまったく耳を貸さない
のは問題だ」ということを書いてフォローしています。あまり頑固さを強調
しすぎると、人の意見をまったく聞かないのかと思われてしまいます。**頑
固といっても常識的な範囲に収まっていることを印象づけておきます**。

　以上のように、よくも悪くもその人らしさを表す「個性」や「特徴」につ
いては、**さじ加減をうまく調整して書けると印象に残る答案になります**。

　なお、**「あなたの長所を述べよ」**という設問の場合には、「リーダーシッ
プがある」「責任感が強い」「裏表なく誰に対しても公平に接することができ
る」などのように、**明らかに美点であることを取り上げます**。

まとめ

▶ 「個性」や「特徴」を問われたら、「自分らしさ」を説明する。

▶ マイナスの印象にならないように、自分の強みを入れながら書く。

12 複雑な指示の 課題レポート①

総合型選抜や学校推薦型選抜では、「課題レポート」を提出させるケースもあります。学部で学ぶことに関連したテーマが出されることが多いので、書き方のポイントを知っておきましょう。

モデル

● 農学部志望
品種改良で、病気と暑さに強い作物を作る研究や、バイオテクノロジーの研究に興味がある。
命の基本である「食」を支えたい。

Sさん

設問

あなたが関心をもった最近のニュースを取り上げ、それについて考えたことを、あなたが大学で学びたいことと関わらせながら、800字程度で論じてください。

注意して読まないと失敗しがちな、**やや複雑な出題**です。しかし、手順は今までと同じです。**設問で書くように指示されていることの確認から始めます。**

まず、この設問では、1つのことだけを聞いているのではないということはわかると思います。設問の指示を明確にするために、**問われていること**

を箇条書きで整理します。

①関心をもった最近のニュースを取り上げる

②それについて考えたことを論じる
条件　大学で学びたいことと関わらせる

設問はこのような構造になっています。

「大学で学びたいことと関わらせながら」という部分は、独立した３つ目の質問ではなく、②を書くときの条件になっていることに注意します。

したがって、基本的には、「関心をもった最近のニュースを取り上げる」→「それについて考えたことを論じる」の順番に書いていくわけですが、「それについて考えたこと」を論じるときに、「大学で学びたいこと」と関わらせる必要があります。「関わらせる」とは、「大学で学びたいことに触れながら書く」ということだと考えればよいでしょう。

設問の指示がわかったところで、順番に材料を集めていきましょう。

まずは、１つ目の**「関心をもった最近のニュースを取り上げる」**という項目です。

関心をもった最近のニュースは、
地球温暖化の影響で農産物の品質に
悪影響が出ていることです。
ある県では、今年収穫した米の多くが
「白未熟粒＝低品質」になったということでした。
この現象は、稲が穂を出したあとに高温が続くと起きるものです。
農家の人は、「このままいくと米の生産ができなくなる」と話しています。

問われて いること①	関心をもった最近のニュース

直接的な 答え	地球温暖化の影響で農産物の品質に悪影響が出ている \new!/

具体例	ある県では、今年収穫した米の多くが「白未熟粒＝低品質」になった。この現象は、稲が穂を出したあとに高温が続くと起きる。農家の人は、「このままいくと米の生産ができなくなる」と話している \new!/

これをもとに、**さらに自分自身で調べたことなども加えていきましょう。**

農林水産省の資料で調べると、
全国に広がっていることがわかりました。
米以外にも、ぶどうやりんごの色づきが悪くなったり、
トマトの品質が落ちたりしています。
これらも地球温暖化による影響だと考えられます。

問われて いること①	関心をもった最近のニュース

直接的な 答え	地球温暖化の影響で農産物の品質に悪影響が出ている

具体例	ある県では、今年収穫した米の多くが「白未熟粒＝低品質」になった。この現象は、稲が穂を出したあとに高温が続くと起きる。農家の人は、「このままいくと米の生産ができなくなる」と話している

さらに 調べたこと	農林水産省の資料で調べると、全国に広がっていることがわかった。米以外にも、ぶどうやりんごの色づきが悪くなったり、トマトの品質が落ちたりしている。これらも地球温暖化による高温の影響と考えられる \new!/

新しくつけ加えた部分は、「ニュース」の中身そのものではありませんが、このように、**自分で調べたことを入れることで、「主体性」を印象づけられます。**

　このあとは、2つ目の**「それについて考えたことを論じる」**の部分を考えます。これを書くときは、**「大学で学びたいこと」**と関わらせなければなりません。設問に対する「直接的な答え」にあたるものは、「このニュースから、私はこう考える」となるでしょう。

　「論じる」には、何らかの「問題意識」をもって書かなければいけません。「日本の将来が不安だ」「農家の人が気の毒だ」といったことだけでは、ただの「感想」です。
　「現状分析（＝現状の問題点の考察）」と「解決策（＝解決に向けてこうすべきだという提案）」を書くのが「論じる」ということです。

　そのような考え方で材料を集めてみましょう。まずは**「現状分析」**をします。

> 地球温暖化を前提にした対策が必要です。農家は農業で生計を立てなければならないし、消費者も質のよい食べ物を求めています。
> 温暖化の影響によって農業生産量が減少すると、飢餓に苦しむ人が増える可能性もあります。

　よいですね。続いて**「解決策」**を挙げます。

> 私は、気候変動に強い作物を開発したいと思います。
> 暑さに強い稲と良質の米がとれる稲を掛け合わせて、高温でも良質の米がとれる稲を開発します。
> 1つの苗からより多くの量の米がとれる稲を開発し、食料不足に対応したいです。

問われて いること②	それについて考えたことを論じる （条件：大学で学びたいことと関わらせる）
直接的な 答え	地球温暖化を前提にした食料対策が必要 \new!
現状分析	地球温暖化はもとに戻せない \new!
	農家は農業で生計を立てなければならないし、消費者も質のよい食べ物を求めている \new!
	地球温暖化の影響によって農業生産量が減少すると、飢餓に苦しむ人が増える可能性もある \new!
	食料の多くを輸入に頼る日本も他人事ではない \new!
解決策の 提案	気候変動に強い作物を開発する \new!
具体例	暑さに強い稲と良質の米がとれる稲を掛け合わせて、高温でも良質の米がとれる稲を開発する \new!
	１つの苗からより多くの量の米がとれる稲を開発し、食料不足に対応する \new!

「解決策」の提案としてはよい材料が出せたのですが、２つ目の項目を書くときの条件である **「大学で学びたいこととの関わり」** がまだ出ていません。その要素を加えていきましょう。

> 私は、大学でバイオテクノロジーを学び、
> よりよい作物を生み出す技術を研究し、
> 人々の生活を豊かにすることに貢献したいです。

問われて いること②	それについて考えたことを論じる (条件：大学で学びたいことと関わらせる)
直接的な 答え	地球温暖化を前提にした食料対策が必要
現状分析	地球温暖化はもとに戻せない
	農家は農業で生計を立てなければならないし、消費者も質のよい食べ物を求めている
	地球温暖化の影響によって農業生産量が減少すると、飢餓に苦しむ人が増える可能性もある
	食料の多くを輸入に頼る日本も他人事ではない
解決策の 提案	気候変動に強い作物を開発する
具体例	暑さに強い稲と良質の米がとれる稲を掛け合わせて、高温でも良質の米がとれる稲を開発する
	1つの苗からより多くの量の米がとれる稲を開発し、食料不足に対応する
大学での学 びとの関連	\new!/ 大学でバイオテクノロジーを学び、よりよい作物を生み出す技術を研究し、人々の生活に貢献したい

　これで、「大学で学びたいこととの関わり」を示しながら、「解決策」を論じることができました。

　2つのメモをもとに、答案としてまとめてみます。

　私が関心をもったのは、地球温暖化の影響で農産物の品質に悪影響が
≫関心をもった最近のニュース
出ているというニュースだ。ある県では、今年収穫した米の多くが、「白
　　　　　　　　　　　　　≫具体例
未熟粒」と呼ばれる状態になっているそうである。「白未熟粒」はデンプ
ンがつまっておらず、低品質となる。この現象は、稲が穂を出したあと
に高温が続くと起きるそうだ。ニュースでは「このままいくと米の生産
ができなくなる」という農家の人の声が紹介されていた。私はこのニュー
　　　　　　　　　　　　　　　　　　　　　　　　≫さらに調べたこと
スが気になり、農林水産省の資料で調べてみた。すると、米以外にも、
ぶどうやりんごの色づきが悪くなったり、トマトの品質が落ちたりといっ
た現象が起きているそうだ。いずれも地球温暖化による高温の影響と
考えられ、このような事例は全国各地で見られるという。

　私はこのニュースから、地球温暖化を前提にした食料対策が必要だと
≫それについて考えたこと
考えた。地球温暖化は世界的な問題だが、すでに気温の上昇が始まって
　　　≫現状分析
おり、この動きをもとに戻すことは難しい。一方で、農家は農業で生計
を立てなければならないし、私たち消費者も質のよい食べ物を求めてい
る。国連の資料によると、地球温暖化の影響によって農業生産が減少し、
飢餓に苦しむ人が増える可能性もあるそうだ。地球全体の人口は増え続
けているから、農業生産が落ち込むことはとても大きな問題だ。食料の
多くを輸入に頼る日本も他人事ではない。

　この問題を解決する方法の１つは、気候変動に強い作物を開発すること
≫解決策の提案
である。たとえば、高温で米の品質が落ちているのだとしたら、同じ条件
≫具体例
でも良質の米がとれる稲を開発するのである。私は大学でバイオテクノロ
　　　　　　　　　　　　　　　　　≫大学での学びとの関連
ジーを学びたいと考えているが、この技術を用いれば可能になるかもしれ
ない。暑さに強い稲と良質の米がとれる稲を掛け合わせて、暑さに強くな
おかつ質の高い米がとれる稲を生み出したい。また、１つの苗からより多
くの量の米がとれる稲を開発すれば、食料不足に対応できるかもしれない。
バイオテクノロジーは、さまざまな可能性を持っている。私は大学でより
　　　　　　　　　　　　　　　　　　　　　≫大学での学びとの関連
よい作物を生み出す技術を学び、人々の生活に貢献したいと考えている。

関心を持った最近のニュースをもとに、
問題分析と解決策の提案ができました。
大学での学びとも、しっかり関連づけられています。

　やや複雑な出題でしたが、**設問を分解して、それぞれの項目に合わせて
きちんと材料を集めれば、答案は完成します**。

　なお、課題レポートは「小論文」と同じですから、**「だ・である」調で書
くようにします**。

まとめ

▶　複雑な出題でも、設問を分解して、それぞれの項目に合わせてきち
んと材料を集めれば、答案は完成する。

▶　自分の考えを「論じる」際には、「問題分析(＝現状の問題点の考察)」
と「解決策(＝解決に向けてこうすべきだという提案)」を書く。

▶　課題レポートは、「小論文」と同じように、「だ・である」調で書く。

複雑な指示の
課題レポート②

大学によっては、2000字程度の「課題レポート」が課されることもあります。長いからといって途方に暮れる必要はなく、書き方はこれまで解説してきた手順と何も変わりません。

モデル

● 社会学部地域学科志望

身近な地域の問題を研究したいと考えている。
本や新聞を読むのが好き。

Tさん

設問

あなたが住む地域で社会的な問題となっていることを取り上げ、現状と原因を自分で調べたうえで、複数の解決策を提案しなさい。その際、解決策の弱点についても指摘し、それについての対処法も提案しなさい。2000字以内でまとめること。

設問の指示が複雑で、なおかつ字数が大変多い出題です。しかし、**基本に忠実に手順を踏んでいけば、必ず答案を書くことができます。**

　こういうときこそ、設問で書くように指示されていることをしっかりと押さえましょう。

この設問で書くように指示されていることは、次の通りです。

①自分が住む地域で社会的な問題となっていることを取り上げる

②取り上げた問題の現状を自分で調べる

③取り上げた問題の原因を自分で調べる

④複数の解決策を提案する
   条件 **解決策の弱点についても指摘し、それについての対処法も提案する**

この設問は上記の4つの要素に分けられます。指示が複雑なときは、**設問を「分解する」**ことがポイントです。

「現状と原因」は、設問文ではまとめて書かれていますが、**「現状」**は「今こうなっています」という話であり、**「原因」**は「そうなった理由はこうです」という話なので、両者はまったく別のものです。ですから、この2つは分けて考えていきます。

ここまでわかったら、あとは順番に答えていけばよいのです。字数の配分としては、**④の「解決策」が最も大事ですから、ここに一番多くの字数を割く（少なくとも半分以上）というイメージをもつとよいでしょう。**

それでは、各項目の材料を集めていきます。
まずは、**「自分が住む地域で社会的な問題となっていることを取り上げる」**についてです。
「自分が住む地域」ですから、**あまり広くなりすぎないようにします。**
具体的には、都道府県レベルの問題、市区町村レベルの問題、さらに小さな町内会レベルの問題といった取り上げ方が考えられます。

また、**「社会的な問題」**ですから、「私は隣の家の騒音で困っている」というような**個人的な問題ではいけません**。しかし、もしその騒音に地区全体の人が悩まされているということであれば「社会的な問題」になり得ます。

水や空気の汚染、騒音など環境問題に関すること、高齢者や障害者の暮らしに関わるような福祉の問題、あるいは、産業がなく若い住民が減っているといったことも「社会的な問題」です。

> 私の住んでいる地域では、
> 観光客のマナー違反で住民が困っています。

問われていること①	自分が住む地域で社会的な問題となっていること
直接的な答え	観光客のマナー違反で住民が困っている \new!/

出発点はこれでよいでしょう。

あとはいつものように、**「具体例」**を書き込んで中身を充実させます。ただし、このあとの項目で「現状と原因」について詳しく書き出すので、この項目では問題の概要程度にとどめておきます。

また、今回の設問では、「あなたが住む地域で社会的な問題となっていることを取り上げ」とあり、本人の関心を出発点にして文章を書かせようとしています。ですから、なぜその問題を取り上げたのか、**「理由」**を書き加えておくとよいでしょう。

私の住む○○市○○地域には、江戸時代に建てられた風情ある建物が並んでいます。

最近、観光客のマナー違反が問題になっていて、地元のテレビ局のニュースで取り上げられました。地域住民とのトラブルに発展しているケースもあります。

私は、生まれたときからこの地域に住んでいて、愛着があるので、この問題を取り上げました。

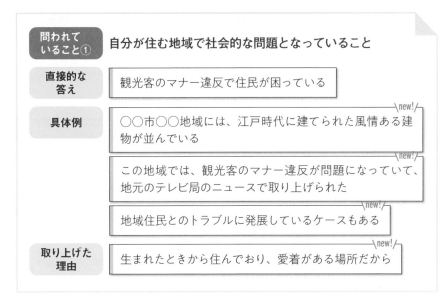

問われていること①	自分が住む地域で社会的な問題となっていること
直接的な答え	観光客のマナー違反で住民が困っている
具体例	○○市○○地域には、江戸時代に建てられた風情ある建物が並んでいる　\new!/
	この地域では、観光客のマナー違反が問題になっていて、地元のテレビ局のニュースで取り上げられた　\new!/
	地域住民とのトラブルに発展しているケースもある　\new!/
取り上げた理由	生まれたときから住んでおり、愛着がある場所だから　\new!/

1つ目の項目はこれくらい材料を集めれば大丈夫です。

次に、**「問題の 現状 について調べたこと」**を書き出していきましょう。

現状を「自分で調べる」ということですから、たとえば、現地に出かけて見たり聞いたりすることも1つの方法でしょう。これを**「現地調査」**と言います。それ以外に、新聞記事や本、またはインターネットなどで調べるのも、もちろん調査の方法の1つです。これを**「文献調査」**と言います。両方の方法で調べていくと、内容を充実させることができます。

> ７月の１週間、毎日通りに出かけて観察しました。
> 平日は、観光客はまばらなのですが、土日は、観光客が道路にあふれていました。住民が車で通行するのに苦労していました。ごみを道路に投げ捨てる人もいました。ごみ箱はごみでいっぱいで、周りにはごみが散乱していました。
> 新聞記事を探して読んでみたら、外国人観光客が無断で個人宅に入って撮影し、住民とトラブルになったことが書かれていました。注意をしても日本語が通じなかったということです。

問われていること②	取り上げた問題の「現状」を自分で調べる

直接的な答え1 （現地調査）	７月の１週間、毎日通りに出かけて観察したところ、平日は、観光客はまばらだが、土日は、観光客が道路にあふれていた

具体的な状況	住民が車で通行するのに苦労していた
	ごみを道路に投げ捨てる人もいた
	ごみ箱はごみでいっぱいで、周りにはごみが散乱していた

直接的な答え2 （文献調査）	新聞記事を探して読んでみたところ、住民とトラブルになっているという記事があった

その具体例	外国人観光客が無断で個人宅に入って撮影した
	注意をしても日本語が通じなかった

段落のまとめ	観光客の増加が住民の負担となっている

２つ目の項目については、ここまで材料が出せればよいでしょう。

次に、**「問題の原因について調べたこと」** を書き出していきます。自分で調べる方法の１つとして、関係者や詳しく知っている人に話を聞くという手があります。必須ではありませんが、インターネットで調べただけですませるよりも、**「行動力」** や **「意欲」** を印象づけることができます。

> 観光客が急激に増えているのに、地元の対応が追いついていないのが原因だと思います。
> 観光課の人の話では、５年前から観光客が多くなったということでした。テレビドラマのロケ地になったことで、市が観光スポットとして積極的にPRしたのです。
> 外国人観光客の訪問先として日本の人気が高まったことも影響しています。
> 対策は今のところ何も行われていません。

問われていること③	取り上げた問題の「原因」を自分で調べる
直接的な答え	観光客が急激に増えているのに、地元の対応が追いついていない new!
具体例	５年前から観光客が多くなった(観光課の人の話) new!
	○○地区がテレビドラマのロケ地になった new!
	市が観光スポットとして積極的にPRした new!
	外国人観光客の訪問先として日本の人気が高まっている new!
段落のまとめ	ごみの問題やマナーの問題についての対策は今のところ何も行われていない new!

観光課の人に聞いた話を盛り込んだことで、問題の「原因」がより具体的になりましたね。３つ目の項目についてのメモも、これで大丈夫です。

最後に、**「複数の解決策を提案する」**ための材料を集めます。**「複数」**という条件を必ず守りましょう。

　これまでに学んできたように、まずは設問に対する**「直接的な答え」**を考えて、そのうえで、**「理由」**と**「具体例」**で補強します。

> ごみ箱を増やすことと、市のサイトやポスターなどでマナー向上を求める呼びかけを強化することを提案します。あちこちにごみ箱があれば、町の美化に協力してもらえる可能性が高くなります。
> 観光客は、この地区が生活の場であるという意識が薄いと考えられます。
> 市の観光サイトで、ごみ捨てや撮影のマナーを守ることを伝えます。また、駅や飲食店など、観光客の目につきやすい場所に、マナー向上を呼びかけるポスターを掲示します。

問われていること④	複数の解決策を提案する
直接的な答え（解決策1）	ごみ箱を増やす ＼new!
解決策を考えた理由	1キロ近くも古い町並みが続いている通りに、ごみ箱が1か所しかない ＼new!
	あちこちにごみ箱があれば、町の美化に協力してもらえる可能性が高くなる
具体的な方法	市や町内会が協力してごみ箱を設置する ＼new!
直接的な答え（解決策2）	市のサイトやポスターなどでマナー向上を求める呼びかけを強化する ＼new!
解決策を考えた理由	観光客は、この地区が生活の場であるという意識が薄い ＼new!
	住民生活の負担になっていることに気づいていない ＼new!

| 具体的な方法 | 市の観光サイトでごみ捨てや撮影のマナーを守ることを伝える \new!/ |
| | 駅や飲食店など、観光客の目につきやすい場所に、マナー向上を呼びかけるポスターを掲示する \new!/ |

続いて、**「解決策の弱点についても指摘し、それについての対処法も提案する」**という設問の条件について考えていきましょう。

条件を見落として答案を書いてしまうミスがよくありますが、設問を分解して書くべきことを整理すれば、これを防ぐことができます。

ごみ箱が多すぎると景観を損ねる恐れがあります。色や素材を工夫して、木造の建物になじむものにするとよいと思います。また、サイトやポスターだけでは積極的な協力を得られないかもしれません。
地区の人が巡回することも取り入れ、観光客に道路に広がらないようにお願いしたり、個人宅に入った人には注意をしたりします。多言語で書かれたマナー向上のチラシも用意して渡します。観光客の多い土日を中心に巡回すると効果的だと思います。

問われていること④	複数の解決策を提案する
直接的な答え（解決策1）	ごみ箱を増やす
解決策を考えた理由	1キロ近くも古い町並みが続いている通りに、ごみ箱が1か所しかない
	あちこちにごみ箱があれば、町の美化に協力してもらえる可能性が高くなる

具体的な方法	市や町内会が協力してごみ箱を設置する
直接的な答え（解決策2）	市のサイトやポスターなどでマナー向上を求める呼びかけを強化する
解決策を考えた理由	観光客は、この地区が生活の場であるという意識が薄い
	住民生活の負担になっていることに気づいていない
具体的な方法	市の観光サイトでごみ捨てや撮影のマナーを守ることを伝える
	駅や飲食店など、観光客の目につきやすい場所に、マナー向上を呼びかけるポスターを掲示する
条件	**解決策の弱点についても指摘し、それについての対処法も提案する**
弱点1	ごみ箱が多すぎると景観を損ねる \new!/
対処法1	色や素材を工夫し、木造の建物になじむものにする \new!/
弱点2	サイトやポスターだけでは積極的な協力を得られない可能性がある \new!/
対処法2	地区の人が巡回することも取り入れる \new!/
具体的な方法	観光客に道路に広がらないようにお願いしたり、個人宅に入った人には注意をしたりする \new!/
	多言語で書かれたマナー向上のチラシも用意して渡す \new!/
	観光客の多い土日を中心に巡回する \new!/

これで、設問の指示をすべて満たしました。

今回は2000字という長い文章を書くことを求められていますから、問題の「現状」と「原因」を書いたあと、いきなり「解決策1」の具体的な方法を述べるのではなく、**解決策の全体的な方向性を述べてから、具体的な方法を説明してみましょう。**

また、観光客は、本来は地元にとってはありがたい存在ですから、悪者のように書くのも問題があります。そこで、「現状」と「原因」を書いたあとに、次の内容を入れてみます。

解決策の方向性の提示	\new!/ 地元に観光客がたくさん訪れることは、本来は喜ばしいことだ。お土産物屋や飲食店を経営している人にとっては、生活の糧でもあるため、観光客も住民も共存できるような解決策が望ましい

この要素も入れて、「解決策」の部分のメモを作り直してみましょう。

問われていること④	複数の解決策を提案する
解決策の方向性の提示	地元に観光客がたくさん訪れることは、本来は喜ばしいことだ。お土産物屋や飲食店を経営している人にとっては、生活の糧でもあるため、観光客も住民も共存できるような解決策が望ましい
直接的な答え（解決策1）	ごみ箱を増やす
解決策を考えた理由	1キロ近くも古い町並みが続いている通りに、ごみ箱が1か所しかない
	あちこちにごみ箱があれば、町の美化に協力してもらえる可能性が高くなる

具体的な方法	市や町内会が協力してごみ箱を設置する
直接的な答え（解決策2）	市のサイトやポスターなどでマナー向上を求める呼びかけを強化する
解決策を考えた理由	観光客は、この地区が生活の場であるという意識が薄い
	住民生活の負担になっていることに気づいていない
具体的な方法	市の観光サイトでごみ捨てや撮影のマナーを守ることを伝える
	駅や飲食店など、観光客の目につきやすい場所に、マナー向上を呼びかけるポスターを掲示する
条件	**解決策の弱点についても指摘し、それについての対処法も提案する**
弱点1	ごみ箱が多すぎると景観を損ねる
対処法1	色や素材を工夫し、木造の建物になじむものにする
弱点2	サイトやポスターだけでは積極的な協力を得られない可能性がある
対処法2	地区の人が巡回することも取り入れる
具体的な方法	観光客に道路に広がらないようにお願いしたり、個人宅に入った人には注意をしたりする
	多言語で書かれたマナー向上のチラシも用意して渡す
	観光客の多い土日を中心に巡回する

それでは、ここまでにまとめた「問われていること①〜④」についてのメモをもとに、答案を書いてみましょう。

バッチリ 答案例

　私の住む○○市○○地域は宿場町であり、江戸時代に建てられた風情ある建物が並んでいる。近年、この地域では観光客のマナー違反が問題になっている。地元のテレビ局のニュースでも「観光公害に悩む○○地
≫自分の住む地域で社会的な問題となっていること
≫具体例
域」というタイトルで取り上げられたことがある。住民とのトラブルに発展しているケースもあり、地域にとっては大きな問題である。私は生まれたときからこの地域に住んでおり、愛着がある場所だ。なぜこのよ
≫取り上げた理由
うな状況になってしまったのか調べてみたいと考えた。

　まず、現状を知るために、私は７月の１週間、毎日通りに出かけて観
≫取り上げた問題の「現状」を自分で調べる（現地調査）
察した。平日は観光客はまばらだが、土日ともなると観光客が道路にあ
≫具体的な状況
ふれている様子が観察できた。お昼前後は観光客が最も多く、住民が車で通行するのに苦労している様子も見られた。また、ごみを道路に投げ捨てる人もいたほか、ごみ箱はごみでいっぱいで、周りには入りきれないごみが散乱していた。

　私はさらに、この問題を取り上げた新聞記事を探して読んでみた。記
≫取り上げた問題の「現状」を自分で調べる（文献調査）　　　　　　　　　その具体例≫
事には、外国人観光客が無断で個人宅に入って撮影し、住民とトラブルになったということが書かれていた。注意をしても日本語が通じなかったそうである。以上のことから、観光客の増加が住民生活の負担となっ
≫段落のまとめ
ていることがわかった。

　次に私は、このような事態が生まれた原因を調べてみることにした。
≫取り上げた問題の「原因」を自分で調べる
私が小学生のころは、観光客はトラブルになるほどの数ではなかったと記憶している。そこで、私は市の観光課の方に話を聞くことにした。観
≫具体例
光課の方によると、苦情が多くなったのは５年前からで、この頃から目立って観光客が増えたそうだ。その理由は、○○地域が、テレビドラマのロケ地になり、それを機に市が観光スポットとして積極的にPRしたからだという。外国人観光客の訪問先として日本の人気が高まったこと

も影響として考えられるそうだ。今のところ、ごみの問題やマナーの問題について、対策は取っていないということだ。私は、観光客が急激に増えているにもかかわらず、地元の対応が追いついていないことが問題の原因ではないかと考えた。

≫段落のまとめ

　地元に観光客がたくさん訪れることは、本来は喜ばしいことである。お土産物屋や飲食店を経営している人にとっては、生活の糧でもある。できれば、観光客も住民も共存できるような解決策が望ましい。観光客が増えたとしても、ごみをきちんと捨てたり、無断で個人宅に入らないようにしたりして、マナーを守ってもらえれば住民とのトラブルにはならない。どうすればマナーを守ってもらえるだろうか。

≫解決策の方向性の提示

　私は解決策を考えるため、改めて○○地域を訪れて観察した。まず、ごみの問題であるが、１キロ近くも古い町並みが続いている通りに、ごみ箱が１か所しかないことに気がついた。もちろん、ごみ箱がないからポイ捨てしていいということにはならないが、あまりにも少なすぎる。そこで、１つ目の解決策として、市や町内会が協力してごみ箱を増やすことを提案したい。あちこちにごみ箱があれば、町の美化に協力してもらえる可能性は高くなる。ただし、弱点としてごみ箱がたくさん設置されるとせっかくの景観を壊す恐れがある。そこで、色や素材を工夫し、木造の建物になじむようなものにしたい。

≫解決策を考えた理由

≫解決策１

≫弱点１

≫対処法１

　２つ目の解決策として、市のサイトやポスター等でマナー向上を求める呼びかけを強化することを提案したい。観光客が道路に広がったり、個人宅に入って撮影したりというトラブルは、この地区が生活の場であるという意識が薄いから発生していると考えられる。○○地域はテーマパークではない。マナーを守って観光を楽しんでもらうように呼びかける必要がある。たとえば、市の観光サイトでは○○地域が紹介されているが、ごみ捨てや撮影のマナーを守ることも伝えるようにする。また、駅や飲食店など観光客の目につきやすい場所に、マナー向上を呼びかけるポスターを掲示するべきだ。これらは多言語で表示するようにし、外国人にも理解できるようにする。

≫解決策２

≫解決策を考えた理由

≫具体的な方法

　ただし、サイトやポスターで呼びかけるだけでは積極的な協力を得ら

≫弱点２

れないかもしれない。あくまで「呼びかけ」であるし、サイトやポスターを目にしない人もいるかもしれない。この点は弱点である。そこで、地域の人がボランティアガイドとして巡回することをあわせて提案したい。

>>対処法2

ガイドさんは、観光客の道案内や建物の解説を行いつつ、道路に広がら

>>具体的な方法

ないようにお願いしたり、個人宅に入る人がいたら注意をしたりする。翻訳機能のついたスマートフォンを携帯し、外国人にも声をかけるようにする。地域の人の負担にならないように、観光客の多い土日を中心に巡回するとよい。

私は、○○地域に生まれ育った者として、住民が安心して暮らせる町

▲全体の結論（＝まとめの段落）をつけている

になってほしいという思いがある。同時に、地域の誇りである町並みを多くの観光客に見ていただきたい。以上のような取り組みにより、住民と観光客が共存できる町が実現できると考えている。

採点者の評価

自分の関心から出発し、観光客にまつわる問題の現状と原因がわかりやすく書けています。
解決策も弱点を補いながら提案できています。

　ここで、「解決策の弱点」とそれについての「対処法」を書くときの順番について確認しておきましょう。下書きメモの段階では、問われている順番に材料を出していったので、「弱点と対処法」を最後にまとめて書き入れました。一方、答案例では、「解決策1」と「解決策2」のすぐあとに、それぞれの「弱点と対処法」を述べています。このように、**下書きメモを答案にする際には、話の流れがわかりやすくなるように、適宜順番を入れ替えていきましょう。**

　また、長いレポートですから、答案例にあるような**「全体の結論（＝まとめの段落）」**を最後につけると、まとまりがよくなります。

たとえ2000字であっても、**指示を正確に理解し、項目ごとに設問に対する「直接的な答え」を考えて、「理由」と「具体例」で補強していくという手順は何も変わりません。**

　これで、出願書類の書き方についての解説は終了です。

　この本で述べたことをしっかりと理解して書いてもらえれば、どんな設問であっても、評価の高い答案に仕上げることが可能です。何度も読み返して、文章を書くときの考え方や手順を確実に身につけてください。これらは、大学に入った後も、役に立つはずです。

まとめ

▶ 　多い字数であっても、指示を正確に理解し、項目ごとに設問に対する「直接的な答え」を示し、「理由」と「具体例」で補強していくという手順で答案の構成を考える。

▶ 　下書きメモを答案にする際には、話の流れがわかりやすくなるように、適宜順番を入れ替えていく。

▶ 　長いレポートであれば、最後に答案全体のまとめの段落をつけるとよい。

元NHKアナウンサー が教える 面接必勝法

総合型選抜・学校推薦型選抜では、
多くの場合、面接が行われます。
「面接を受けるのは初めて」という受験生もいると思います。
十分な準備をして当日に臨みましょう。

面接試験にはどのような種類があるか？

確認しておこう　面接試験のパターン

面接に関連する試験は、大きく分けると以下のパターンがあります。

1　個別面接
──受験生 1 人だけが座り、面接官が質問をする

2　集団面接
──複数の受験生が並んで座り、面接官が質問をする

3　口頭試問
──提出した課題や専攻分野の知識等について面接官が質問をする

4　グループディスカッション（集団討論）
──複数の受験者が特定のテーマについて議論する

5　プレゼンテーション
──事前に与えられたテーマについて自分が調べたこと、考えたことをまとめておき、説明をする

　「1」が最もスタンダードです。**受験生 1 人だけで面接室に入り、面接官からいろいろな質問をされます。**面接官は 1 人の場合もあれば、複数の場合もあります。志望動機に関わること、大学で学びたいこと、将来の夢などについて質問されます。受験生の意欲や人柄などを見るのが主な目的です。

「志望理由書」などに書いたことについてさらに深く聞かれることがありますし、書類にはない項目について聞かれることもあります。 **PART 5** には**「面接でよく聞かれる質問集」**を載せています。事前に回答のメモを作って準備しておきましょう。

　「2」は、他の受験生と一緒に面接を受けます。面接官の前に複数の受験生が並び、1人ひとり質問をされます。**全員に同じ質問をすることもあれば、人によって異なることもあります。**聞かれることは「1」と変わりません。

　「3」は、「1」と形式は同じですが、聞かれる内容が違います。「1」では、主に受験生個人のことについて聞かれますが、**「3」では、事前に提出したレポート課題の内容について深く掘り下げて聞かれたり、専攻分野についての知識を問うような質問をされたりします。**たとえば、理系の学部では、物理学の用語を取り上げてその意味を説明させることがあります。受験生の知識や思考力などを見るのが主な目的となります。なお、大学によっては、面接と口頭試問をはっきり区別せず、面接の中で、「1」で聞くようなことと「3」で聞くようなことを合わせて質問することがあります。

　「4」は、他の受験生と一緒に、あるテーマについて議論をします。たとえば、「AI開発に規制をかけることは必要か」「代理出産は認められるべきか」といったテーマが与えられます。**面接官は、受験生同士が議論をしている姿を見守ります。**場合によっては面接官が質問を投げかけることもあります。

　「5」は、何らかのテーマが事前に与えられて、それについて当日説明をするというものです。たとえば、「身近な環境問題について調べ、解決策を提案しなさい」といったものです。**試験当日までに自分で調べたり、資料を集めたりして準備をします。**レジュメやスライドなど、当日に面接官に見せるための資料を用意しておく場合もあります。

1 想定される質問に対する回答メモを作る

個別面接も集団面接も、基本的な対策は同じです。
まずは、面接に備えてどう準備すればよいかを解説します。

面接試験へ向けて、**よくある質問に対して、自分の考えをメモしておくようにしましょう**。その際は、文章にせずに**箇条書き**で整理することをお勧めします。文章にして暗記しようとすると、少し言い間違えたときに続きが出てこなくなってしまうことがあるからです。ポイントを箇条書きにしたメモを作成し、その内容を頭に入れるようにするとよいでしょう。

ここでは、「高校時代に力を入れたこと」を例にしてみましょう。

想定される質問	高校時代に力を入れたこと
直接的な答え	ボート部で3年間頑張った
	3年生のときは副主将を務めた
	最後の夏の試合では、県の大会で準決勝に残った

「直接的な答え」を挙げることができましたが、**このメモでは面接の準備としてまったく足りない**と思ったほうがよいでしょう。面接官に少し突っ込んだことを聞かれたら、答えられなくなってしまうかもしれません。

志望理由書を書くときと同様に、**「直接的な答え」に「理由」や「具体例」をどんどん書き加え、話を掘り下げておきましょう。**メモ作りは、自分自身のことを振り返る機会にもなるので、想定外の質問をされても対応がしやすくなります。

想定される質問	高校時代に力を入れたこと
直接的な答え1	ボート部で3年間頑張った
理由	中学までは野球をやっていたので、新しいスポーツに挑戦したいと思った。昔からボートに興味があった
直接的な答え2	3年生のときは副主将を務めた
理由	最後の学年なので、部活に貢献しようと思って手を挙げた
苦労したことの具体例	意見の異なる部員をまとめるのがとても難しいと思った。練習方法を巡って2年生と3年生の意見が分かれたので、お互いの意見を聞き、双方が納得する案を出した
直接的な答え3	最後の夏の試合では、県の大会で準決勝に残った
得たものの具体例	一生懸命練習すれば伸びるという自信をもてた
	一生つき合える仲間を得られた

まとめ

▶ よくある質問に対して回答すべきことを、箇条書きでメモする。

▶ 「直接的な答え」に「理由」や「具体例」を出して掘り下げる。

2 事前に提出した書類を もとにして準備する

事前に提出した書類に記入したことについても、面接で聞かれることがあります。「事前に書いて出したからあまり質問されないだろう」などと油断してはいけません。

　面接では、事前に提出した志望理由書や自己推薦書などの書類をもとに、さらに深く掘り下げて質問されることがあります。

　志望理由書や自己推薦書を提出したらそれで終わりということではありません。**志望理由書や自己推薦書などの書類は、面接試験の要になっているのです。**

　ですから、面接の当日にどのようなことを聞かれても大丈夫なように、**提出書類の記載内容を掘り下げたメモを作っておきましょう。**

　メモを作成する際には、志望理由書や自己推薦書などの書類に書いた内容を読み直し、面接官に質問されそうな内容をあらかじめ想定して、それに対する「回答例」を用意します。この「回答例」も、長々と文章にするのではなく、重要なポイントを**箇条書き**にする形でまとめていきましょう。

　ここでは、101ページの「法学部を志望した理由」を書いた志望理由書をもとにして、面接に向けたメモの準備の仕方を見ていきます。

私が法学部を志望したのは、政治学科で日本の政治や選挙制度について専門的に学びたいからである。私は18歳で初めて選挙で投票するにあたって、政治について調べてみた。

想定される質問 初めて選挙に参加して、どのようなことを感じたか？

回答例
緊張したが、政治に参加したという実感を持った

何を基準に選べばよいのかわからず、難しかった

政治の本や新聞記事を意識的に読んだが、国会議員の選挙制度は小選挙区で落選した人が比例代表で復活できるなど、納得しがたい面があると感じた。

想定される質問 どのような本や新聞記事を読んだか？

回答例
「×××（書名）」という本を読んだ

新聞では国会の動きなどの記事に注目した

想定される質問 その結果、何を考えたか？

回答例
政治は私たちの暮らしに直結している

国民が無関心であってはいけないと考えた

加えて、若い人の投票率が低い。消費税率や奨学金制度など、私たちにも関わる問題がたくさんあるのに関心がなくては何も変えられない。このような日本の政治の状況に問題意識をもった。歴史的経緯や各国との比較を通して、日本の政治の問題点は何か、解決への方策は何かを解き明かしたい。以上の理由から、法学部で学ぶことを強く志望している。

想定される質問　若い人の投票率を上げるためにはどうすればよいと考えるか？

回答例

> ショッピングモールなど、行きやすい場所で投票できる共通投票所を今よりも増やす

> 不在者投票ができることをもっと PR し、投票できる場所も増やす

想定される質問　若い人が政治に関心をもつためにはどうすればよいと考えるか？

回答例

> 学校の授業の中で政治について考える時間を作る

> 社会問題について討論することで、政治への関心が高まると考える

　志望理由書の記入欄の大きさは決まっているため、当然、**志望理由書の中に書ききれなかった内容**もあるはずです。面接に向けて、そうした材料も活用していきましょう。**志望理由書に書いたことだけで満足せず、内容をどんどん掘り下げながらメモに書き出し、準備しておくようにします。**

面接官は、受験生が具体的に考えたことや行動したことを問うことで、志望理由書が自分の頭で考えて書かれたものなのかどうかを見ようとしているのです。**出願書類の書き方で学んだ「具体例」を出す作業は、ここでも役に立ちますね。**

　また、ときどき「面接で突っ込まれることを想定して、志望理由書は曖昧に書いたほうがよいのですか？」という質問を受けることがありますが、それは、まったく無意味です。志望理由書は、それ自体が評価の対象になります。**志望理由書はできるだけ字数いっぱいまで詳しく具体的に書き、面接へ向けてさらに深く掘り下げてメモを作っておく**というのが、正しい考え方です。

まとめ

▶ 面接では、事前に提出した書類をもとにさらに深く突っ込んで聞かれたり、志望理由書を読んで疑問に感じたことを質問されたりする。どのようなことを聞かれても大丈夫なように、提出書類の記載内容を掘り下げたメモを作っておく。

▶ 「面接に備えて志望理由書を曖昧に書く」という考え方はしない。志望理由書は字数いっぱいまで詳しく具体的に書き、面接へ向けて、さらに深く掘り下げてメモを作っておくようにする。

3 面接でよく聞かれる質問事項

ここでは、面接でよく聞かれる質問をまとめました。
これらについて、しっかりと材料を集めておきましょう。

面接でよく聞かれる質問集

志望動機に関わる質問

- なぜこの大学を志望したのか
- なぜこの学部で学びたいのか
- 専攻したい分野は何か

高校時代のことについての質問

- 高校時代、頑張ったことは何か
  - ・学業について
  - ・部活動について
  - ・その他(生徒会活動、地域の活動、ボランティアなどについて)
- 高校時代を通して学んだこと、得たことは何か

大学入学後についての質問

- どのようなことを研究したいか
- どのような姿勢で学ぶか
- どのような学習計画を立てているか

- 高校と大学の違いはどこにあると思うか
- 留学することを考えているか
- 学業以外で取り組みたいことは何か

卒業後のことについての質問

- 将来の進路はどのように考えているか
- 大学院進学は考えているか
- 将来、就きたい職業は何か

自分自身のことについての質問

- 1分程度で自己PRをせよ
- 得意な教科、苦手な教科は何か
- 自分の長所・短所は何か
- 趣味・特技は何か

社会などへの関心についての質問

- 最近の関心のあるニュースは何か
- 最近読んだ本で印象に残っているものは何か

志望する専攻分野についての関心、考察力を見る質問

- 日本の医療制度の問題点は何か(医学系の分野を志望する場合)
- 成人年齢の引き下げについてどう思うか(法学部を志望する場合)
- 格差の広がりをどう考えるか(経済・社会系の分野を志望する場合)

  ※上記はあくまで一例です。専攻分野に関わることについては、幅広く聞かれる可能性があります。対策として、自分の志望する専攻分野について、普段から書籍や新聞などを読み、関心を高めておくようにしましょう。

将来の職業に関する質問(医療系、教員養成系の学部)

- なぜ医師・看護師・教師を志望するのか
- その仕事に自分が向いている点は何か

4 その他の試験の対策

ここでは、口頭試問・グループディスカッション(集団討論)・プレゼンテーションの対策について説明します。それぞれの試験の違いを理解したうえで、万全の対策をして本番に臨みましょう。

口頭試問の対策は?

口頭試問は大学によって内容が違います。入試要項に実施される試験の概要が書かれていることが多いので、よく読んでおきましょう。

提出した課題レポートについて質疑を行うのであれば、レポートの中に隙や疑問点がないかを点検します。「このことについて聞かれたら、こう答えよう」というように、**想定される質問と回答例を考えておく**とよいでしょう。

また、レポート作成にあたって集めた資料などをもう一度よく読み込み、**細かなことを聞かれても答えられるように、準備しておきます。**

口頭試問では、専攻分野について掘り下げて聞かれることもあります。そこで、たとえば、国文学を専攻するのであれば、日本の文学作品について関心をもって調べ、いろいろな作品を読んでおくなど、**普段から専攻分野の知識・教養を高めておく**ことが大事です。

グループディスカッション（集団討論）の対策は?

　グループディスカッション（集団討論）は、30分程度で行う大学もあれば、90分もかけて行う大学もあります。この試験で見られていることは、主に次の3点です。

- **自分の意見を、説得力をもって相手に伝えられているか**
- **他人の意見をよく聞き、それを尊重した議論ができているか**
- **グループの中でリーダーシップを発揮できているか**

　「自分の意見を、説得力をもって相手に伝えられているか」というのは、志望理由書を書くときと同じです。はじめに「私はこう思う」という**主張**を明確にし、あとはその**「理由」**や**「具体例」**によって説得力をもたせます。

　たとえば、「AIは人間を幸せにするか」といったテーマで議論するとしましょう。まず、「私は、人間を幸せにすると思う／しないと思う」という主張をはっきりさせ、そのうえで、「なぜそう考えたのか＝理由」「幸せにする／しない具体例」を示します。

　あまりに長々と自分の意見を述べると、他の人が発言できなくなってしまうので、**1回の発言は1分くらいを目安にしておきましょう。**

　グループディスカッションでは、**「他人の意見をよく聞き、それを尊重した議論ができているか」**も大事な点です。勝ち負けを競う場ではありませんので、他の人の意見を頭から否定したり無視したりしてはいけません。もし、意見が違っていたら「私はあなたの意見を聞いてこう思ったが、この点についてあなたはどう思うか」というように、**「対話」**になるような形で指摘します。

　「グループの中でリーダーシップを発揮できているか」は、プラスアル

ファとしてできるとよい点です。

　グループディスカッションが苦手で、意見をまったく言えない人も中には
います。そうした人がいたら、**「あなたはどう思うか、意見を聞かせてく
ださい」**などと、発言しやすいようにサポートしてあげるとよいでしょう。
あるいは、議論がテーマからそれた場合に、**「ここで議論することは、この
テーマについてですよね」**と、本来のテーマに引き戻します。議論をリー
ドしている印象を与えられるので、できそうであればやってみましょう。

　次に、グループディスカッションへ向けて、事前にどのような準備をして
おけばよいのかを説明します。

　一番よいのは、**学校などでグループディスカッションの機会を作っても
らう**ことです。グループディスカッションによる試験を受ける予定のある
人で集まって、何らかのテーマをもとに討論するとよいでしょう（模擬グ
ループディスカッション）。ただし、実際には、そのような機会を作るのが
難しいケースもあると思います。

　その場合は、**日常のクラスや班での話し合いを練習として活用する**のも
一手です。たとえば、文化祭の出し物について話し合う機会があるとしまし
ょう。そうしたときに、**グループディスカッションの練習のつもりで、自
分の主張を明確にしたうえで「理由」と「具体例」で補強しながら意見
を述べるようにします**。また、先に述べたように、意見が違う人がいたら、
「私はあなたの意見を聞いてこう思ったが、この点についてあなたはどう思
うか」と、「対話」の形で議論を深めていきましょう。

　普段から自分の意見を1分程度で述べる練習をすることも効果があり
ます。新聞などを広げて目にとまった記事について1分で意見を述べるとい
う練習を毎日やってみましょう。たとえば、「消費税の引き上げ」について
の記事が目にとまったら、消費税の引き上げに賛成か反対か、1分で意見を
述べます。毎日5つくらいのテーマについて意見を述べる練習をしたら、
1カ月もするとかなり力がついてくるはずです。**1人でやるよりも、誰か
に聞いてもらって、感想を言ってもらうようにするとよいでしょう。**

プレゼンテーションの対策は?

プレゼンテーションのもち時間は、短ければ3分程度、長ければ15分というケースもあります。終わったあとに、面接官との質疑応答があることが多いようです。

評価のポイントは、

- **プレゼンテーションの内容そのものに説得力があるか**
- **資料などがわかりやすく作られているか**
- **プレゼンテーションが人をひきつけるか**

などです。

よい評価を得るためには、なんといっても**「事前の準備」**が大切です。話す内容を考えるときには、志望理由書を書くときと同じように、「質問の意図」をよく考えて、そこからそれないようにします。**自分が言いたいことを決めたら、「理由」や「具体例」などで補強していきます。**

終わったあとで内容について質問されるでしょうから、事前にどのような質問をされるかを想定して（プレゼンテーションで言い足りなかった部分、根拠を補強すべき部分など）、その答えも用意しておきましょう。

また、プレゼンテーション用の資料を準備するように指示する大学もあります。紙の資料の他にスライドや動画などを使用してよい場合があります。**グラフや写真などを使ってわかりやすい資料を作りましょう。**

プレゼンテーションは内容そのものも大事ですが、**そのプレゼンテーションが人をひきつけるものであるかどうかも大事です。**

どんなに内容がよくても、書いた原稿をただ読み上げるだけでは、人の心をとらえることはできません。企業の新製品の発表会では、発表者が身振り手振りを交えながら、プレゼンテーションを行っていますが、これも、相手の心をいかにとらえるかを考えてのことです。

人をひきつける魅力的なプレゼンテーションにするコツとしては、次のようなものがあります。

1　大事なところとそうでないところのメリハリをつける

2　身振り手振りも交える

3　大きな声で堂々と行う

4　話す内容は箇条書きにして準備しておく

まず、「1」についてです。すべてを同じトーンで話していては、相手の印象に残りません。**大事なところやキーワードなどでは、相手の印象に残るような話し方をします。**たとえば、話すスピードを落とす、声を高めにするといったやり方で注意をひくようにします。逆に、大事でないところは軽く読み上げるようにします。

次に、「2」についてです。資料をスクリーンに写したり、模造紙に書いたりしてプレゼンテーションを行う場合に、**大事なキーワードが出てきたときには指をさすなどして印象づけましょう。**ここぞというところで身振り手振りを入れると、注目を集めることができます。

「3」は、最も大事なことです。自信のなさそうなプレゼンテーションにひきつけられる人はいません。やるからには大きな声で堂々と行いたいものです。当日は緊張で思ったよりも声が届いていないことがあります。**面接官よりももっと後ろの人にまで声を届けるつもりで、大きな声で話しましょ**

う。

　最後に、「4」についてです。これは面接対策のところでも述べましたが、話すことをきっちりとした文章にしてしまうと、ちょっと言い間違えたときに焦ってあとが続かなくなってしまいます。**話す項目を箇条書きにして、「こういう順番で話すのだ」と確認できるようにしておくとよいでしょう。**

　以上のことを意識して、プレゼンテーションの練習をしてみてください。学校の先生や、クラスメイト、家族などの前で何度か実演してみましょう。自分の姿を動画で撮影して確認するのもよいでしょう。**自分のプレゼンテーションのどこが問題なのかを、客観的な目で振り返るようにします。**

まとめ

▶ 口頭試問は大学によって内容が違うので、入試要項などをよく読んで、実施形式を頭に入れておく。想定される質問と回答例を考えておく。

▶ グループディスカッションの評価のポイントは、主に「自分の意見を、説得力をもって相手に伝えられているか」「他人の意見をよく聞き、それを尊重した議論ができているか」「グループの中でリーダーシップを発揮できているか」の3点。

▶ プレゼンテーションは、「プレゼンテーションの内容そのものに説得力があるか」「資料などがわかりやすく作られているか」「プレゼンテーションが人をひきつけるか」などが評価のポイントになる。

▶ 魅力的なプレゼンテーションにするコツには、「大事なところとそうでないところのメリハリをつける」「身振り手振りも交える」「大きな声で堂々と行う」「話す内容は箇条書きにして準備しておく」などがある。

5 面接試験当日について

ここでは、面接の基本事項について解説します。
礼儀作法や、話すときの注意点を知っておきましょう。

身だしなみについて

面接で一番大事なのは話の中身ですが、外見が第一印象を決めることも、また事実です。**最初の段階でよい印象を持ってもらえるように、身だしなみにも気を配りましょう。**試験会場に向かう前に、身だしなみを確認しておきます。制服やシャツは汚れやシワのないものを着るようにし、寝癖などがついていないかもチェックしておきます。爪も切っておきましょう。

■ 面接試験の身だしなみ

制服やシャツは
汚れやシワのない
ものを着る

アクセサリー類は
つけない

清潔な印象を
与える髪型にし、
寝ぐせは直しておく

ツメは短く切り、
ネイルアートは
しない

靴をみがいて
きれいにしておく

靴下は、
白・黒・グレー・紺の
無地のものにする

試験会場での礼儀作法

　細かいことではありますが、礼儀作法が身についていることは損にはなりません。以下に、**基本的な礼儀作法**を書いておきます。

面接前

- 自分の順番が来て名前を呼ばれたら、返事をして、面接室のドアを3回ノックします。
- 中から「お入りください」などと声をかけられたらドアを開けます。ドアを開けたあと、「失礼します」と一礼してから入室します。
- 部屋に入り、「○○高校の××(名前)です。どうぞよろしくお願いいたします」と言って、一礼します。

■ 入室の流れ

- 書類等を手渡すことになっている場合は、面接官の前に行き、「よろしくお願いいたします」といった言葉を添えて渡します。
- 椅子の近くに立ちます。「お座りください」と促されたら、椅子に座ります。

■ 着席するまでの流れ

面接中

- 背筋を伸ばして座り、両手は、ひざの上にそろえておきます。身体を揺すったり手いじりをしたりしないように注意します。
- 面接官の顔を見て、ゆっくり、はっきりとした声で話します。敬語を使い、面接に適さない言葉（「自分的には〜」など）は使わないようにします。

■ 面接中の注意点

- 立ち上がって「ありがとうございました」と言いながら一礼します。
- ドアを開けてから面接官のほうを向き、「失礼します」と声をかけて一礼します。それから部屋の外に出て、ドアを閉めます。

■ 退室の流れ

ありがとうございました

礼

失礼します

礼

面接中の話し方の注意点

面接中の話し方としては、以下の点に注意するようにしましょう。

- **背筋を伸ばして正面を向いて座り、面接官の目を見て話す**

- **声をしっかり前に届けるように話す**

- **ゆっくり落ち着いて話す**

背筋を伸ばして座り、正面を向くようにします。**質問をした面接官の目を見て話します。**とはいえ、ずっと目を合せるのはお互いに疲れますから、ときどきは視線を外してかまいません。

　声をしっかり前に届けるように話します。普段から「声が小さい」と言われる人は、**面接官の後ろに人がいるつもりで、その人に向かって声を出す気持ちで話してください。**

　ゆっくり落ち着いて話しましょう。早口では内容が頭に入りません。「早口だ」と言われたことがある人は、注意します。コツとしては、**スローテンポの状況を頭に思い浮かべて話すとよいでしょう。**たとえば、暖かい春の日に、土手の上をおばあちゃんとのんびり散歩している状況をイメージします。その時の歩くスピードを思い浮かべて話してみましょう。

　そのほかの注意点ですが、**知らない話題を質問された場合などに、嘘をついて答えるのはよくありません。**さらに質問を重ねられると結局答えられなくなり、面接官に悪い印象しか残しません。**わからないときは、素直にわからないと答えましょう。**
　ただし、「高校時代に頑張ったこと」や「大学に入ってやりたいこと」などの基本的な質問に対して「わからない」では評価が下がりますから、こうした質問については事前にしっかり回答を準備してください。

　志望理由書を書くときと同様に、面接でも、**「聞かれていること」をよく考えて、それに沿って答えるようにします。**質問から大きくそれないように気をつけましょう。

緊張したらどうするか

　緊張したときに「こうすれば絶対大丈夫」と言える方法は残念ながらありませんが、いくつか参考になりそうな方法を挙げておきます。

　まず、**「緊張しているのは自然なことだ」と思うこと**です。試験の当日なのですから緊張しているのは当たり前で、**自分だけが特別に緊張しているのではありません**。周りの受験生も全員緊張しています。さらに言うと、「受験生は緊張しているだろうな」ということは、面接官もわかっています。面接官の中には、受験生の緊張をやわらげようと、「今朝はどうやって大学まで来たのですか？」といった質問から始める人もいます。
　このように、**「緊張しているのは自然なことなのだ」と開き直ってしまいましょう**。そう考えたら少しは気持ちが楽にならないでしょうか。

　緊張をほぐすために軽く体を動かすことも効果的です。じっとしていると不安が広がっていくばかりですから、少し動いてみましょう。時間があるなら構内を散歩する、軽くストレッチをする、深呼吸をするなどが有効です。
　また、いつも使っている参考書などがあればそれを開いてみるのもよいでしょう。**「自分はこれだけやったから大丈夫」と言い聞かせて心を落ち着かせます**。

面接官は「怖い人」ではない

　私の塾でも面接指導を行っていますが、人によっては緊張で受け答えが不自然になることがあります。雑談をしているときは自然なのですが、いざ面接の練習が始まると、緊張してぎこちない話し方になってしまうのです。こういう場合は、**「面接に来たというより、おしゃべりをしに来たと思ってください」**と助言しています。面接とは、人と人が顔をつきあわせて話を

することですから、基本は**「会話」**なのです。

　私自身も、会社員時代にスタッフの採用に関わったことがありますが、面接する立場としては、「あらを探して落としてやろう」というのではなく、「この人はどんなよい面をもっているのだろう」というポジティブな気持ちで応募者を迎えます。面接官とは「怖い人」ではなく、**「自分のよさを見つけようとしている人」**なのだと考えるようにしましょう。

まとめ

▶ 面接前・面接中・面接後の「基本的な礼儀作法」を確認しておく。

▶ 話すときは、「背筋を伸ばして正面を向いて座り、面接官の目を見て話す」「声をしっかり前に届けるように話す」「ゆっくり落ち着いて話す」を意識する。

▶ 面接は誰もが緊張するものである。「緊張しているのは自然なことなのだ」と開き直って、気持ちを楽にする。

▶ 面接官は、「自分のよさを見つけようとしている人」なのだと考える。

メモ🖉

メモ

本書の著者から直接指導が受けられる!
「ウェブ小論文塾」のご紹介

本書の著者である今道琢也氏が代表を務める「ウェブ小論文塾」では、メールなどを利用して、大学入試の小論文・志望理由書・自己推薦書・課題レポートなどの添削・作成指導を行っています。

答案提出の翌日から３日以内の返却（休講日を除く）を実現し、受講生から高い評価を得ています。

著者の今道琢也氏から直接文章の添削・指導を受けたい方は、ぜひご活用ください。面接指導も実施しています。

詳細は、以下よりご確認いただけます。

小論文・志望理由書・自己推薦書・課題レポート…etc

合格実績多数!
勝てる小論文へ徹底指導!
「ウェブ小論文塾」

PC から
▼
https://ronbun.net/

スマートフォン・タブレットから
▼

[著者紹介]

今道 琢也 (いまみち・たくや)

1975年大分県生まれ。インターネット上の文章指導塾「ウェブ小論文塾」代表。
京都大学文学部国語学国文学科卒。元NHKアナウンサー。
高校時代、独学で小論文の書き方をマスターする。現役時に大阪大学文学部、翌年の再受験で
京都大学文学部、慶應義塾大学文学部、就職試験ではNHKの採用試験を突破(すべて論文試験
あり)。
2014年に独立し「ウェブ小論文塾」を開校。大学・大学院入試をはじめ、高校入試、公務員・
教員採用試験、昇進試験にいたるまで、あらゆる分野の小論文、志願書等の書き方を指導。毎
年多数の合格者を輩出している。
10万部を突破した人気書『全試験対応!直前でも一発合格!落とされない小論文』(ダイヤモン
ド社)をはじめ、『合格答案はこう書く!公務員試験小論文 頻出テーマ完全攻略』(高橋書店)、
『昇進試験小論文合格法』(自由国民社)、『文章が苦手でも「受かる小論文」の書き方を教えて
ください。』(朝日新聞出版)など多数の著書があり、文章術のエキスパートとして高く評価され
ている。

□カバーデザイン　　齋藤友希／佐野紗希(トリスケッチ部)

□カバー・本文イラスト　ハザマチヒロ

□本文デザイン　　　ホリウチミホ(ニクスインク)

□編集協力　　　　㈱オルタナプロ　名越由実

□校正　　　　　　㈱鷗来堂

シグマベスト
大学入試 最速で合格をつかむ
志望理由書の書き方

本書の内容を無断で複写(コピー)・複製・転載する
ことを禁じます。また、私的使用であっても、第三
者に依頼して電子的に複製すること(スキャンやデ
ジタル化等)は、著作権法上、認められていません。

© 今道琢也　2023　　　Printed in Japan

著　者　今道琢也
発行者　益井英郎
印刷所　中村印刷株式会社
発行所　株式会社文英堂
〒601-8121　京都市南区上鳥羽大物町28
〒162-0832　東京都新宿区岩戸町17
(代表)03-3269-4231

●落丁・乱丁はおとりかえします。

大学入試

最速で合格をつかむ
志望理由書の書き方

出願書類準備から
面接まで役立つ！

別冊

志望理由書
お役立ちブック

文英堂

出願書類準備から
面接まで役立つ！

［別冊］志望理由書 お役立ちブック もくじ

この「別冊　志望理由書 お役立ちブック」には、準備・下書き・記入・提出・面接 に役立つ知識事項やチェックリストを掲載しています。

文章表現のチェックや直前の確認に、ぜひとも活用してください。

1

総合型選抜・学校推薦型選抜・一般選抜
スケジュール表

スケジュールを早めに確認して、計画的に準備しましょう。
総合型選抜は出願とは別にエントリーが必要な場合もあります。

大まかなスケジュール

大まかなスケジュールとしては、まず**総合型選抜**があり、その次に**学校推薦型選抜**、最後に**一般選抜**があるイメージとなります。総合型選抜・学校推薦型選抜と一般選抜の併願を視野に入れている人が多いと思いますが、それぞれやるべきことが断続的にあり、**学校によってスケジュールは異なります**。ここで示しているスケジュールはあくまで大まかなものですので、その時期にやるべきことを逃さないよう、常に最新の情報を入手するようにしましょう。

9月までにやっておくこと

提出書類は添削指導を受けながら、**時間をかけて何度も作り直しましょう**。
小論文対策も重要です。小論文を書くことは、志望理由書の作成にも役に立つほか、そこで得られる論理的思考力などが面接にも役に立ちます。

学校推薦型選抜の場合、学校の成績が出願条件になることが多いので、学校の勉強にも力を入れましょう。

また、大学のホームページを見たり、**オープンキャンパス**に参加したりして、志望する大学の情報を早めに入手しましょう。総合型選抜の場合、出願とは別に**事前エントリー**が必要なことがありますので、確認はなるべく早く行いましょう(早い大学で5月頃から実施)。

総合型選抜・学校推薦型選抜・一般選抜　入試スケジュール

総合型選抜・学校推薦型選抜・一般選抜は、おおむね以下のような流れで進行します。**大学によって違いがありますので、注意してください。**

入試スケジュール表

	国公立大学			私立大学			
	総合型選抜	学校推薦型選抜	一般選抜	総合型選抜	学校推薦型選抜	共通テスト利用	一般選抜
7月							
8月							
9月	出願			出願		共通テスト出願	
10月	試験		共通テスト出願	試験	出願		
11月	合格発表	出願		合格発表	試験		
12月		試験　合格発表			合格発表		出願
1月			共通テスト 2次出願			共通テスト出願	試験
2月			前期試験 中期試験			合格発表	合格発表
3月			後期試験 合格発表				

2

まずは自分自身を知ることから始めよう
自己分析シート

自己分析はすべての準備の軸になります。
まずは自分自身のことを見つめなおして言語化しておきましょう。

自分自身の興味関心や長所・短所などを考える

自己分析シート

● 大学・学部(学科)を志望した理由

Q 志望する学部・学科は？

A ＿＿＿＿＿＿＿＿＿＿＿＿＿＿＿＿＿＿＿＿＿＿＿＿＿

Q その学部・学科を志望した理由は？

A ＿＿＿＿＿＿＿＿＿＿＿＿＿＿＿＿＿＿＿＿＿＿＿＿＿

Q 志望する大学は？

A ＿＿＿＿＿＿＿＿＿＿＿＿＿＿＿＿＿＿＿＿＿＿＿＿＿

Q その大学を志望した理由は？

A ＿＿＿＿＿＿＿＿＿＿＿＿＿＿＿＿＿＿＿＿＿＿＿＿＿

● 高校時代のこと

Q 学業面で頑張ったことは？

A ＿＿＿＿＿＿＿＿＿＿＿＿＿＿＿＿＿＿＿＿＿＿＿＿＿

Q 学業面以外（部活動やボランティア活動）で頑張ったことは？

A _____

● 大学に入ったあとのこと

Q 大学に入ったらどのような研究をしたいか？

A _____

Q どのような計画を立てて学んでいくか？

A _____

● 卒業後のこと

Q 将来どのような仕事に就きたいか？

A _____

Q 大学で学んだことをどのようにいかしていくか？

A _____

● 受験者自身の魅力、個性などに関わること

Q 自覚している長所と短所は？

A _____

Q 自分が一番アピールしたい点は？

A _____

3

合格する答案を書くための

必ず守りたいこと　チェックリスト

言いたいことに「理由」や「具体例」を入れ、わかりやすく書きます。高評価を得る文章を書くために、必ず確認しましょう。

「必ず押さえたい 3 つのポイント」をチェックしよう

「志望理由書」や「自己推薦書」を「第三者に伝わる文章」にするために、以下の項目ができているかどうかをしっかりチェックしましょう。

必ず守りたいこと　チェックリスト

1 設問の指示を正確に理解する

- ☐ 設問の指示がいくつあるかを確認したか
- ☐ 聞かれたことに対して、順番に答えられているか
- ☐ 設問の中のキーワードの意味を正確に理解して答えているか
- ☐ わからない言葉は、辞書を引いて意味を確認したか

2 直接的な答えを示す

- ☐ 聞かれたことに対する「直接的な答え」を、はじめに書いたか
- ☐ 言いたいことが明確になっているか
- ☐ 複数の「言いたいこと」があるときは、「1つ目は……」「2つ目は……」と書き、話の区切りと順番を明確にできているか

3 「理由」や「具体例」で補強する

- ☐ 言いたいことを、「理由」や「具体例」で補えているか
- ☐ 「数字」や「目に浮かぶような描写」で具体性を持たせているか
- ☐ 「あいまいな表現」が「具体的な表現」に置き換えられているか

4 一発アウトを回避する
ありがちミス チェックリスト

「箸にも棒にもかからない」という出願書類にならないように、ありがちミスをしていないかどうかを確認しましょう。

ミスを事前に防ごう

本書で学んだ「ありがち失敗答案」のようなミスをしないために、チェックリストを用意しました。ミスをしてしまったところがあれば、**PART 2** の該当箇所を読み直して、修正するようにしましょう。

ありがちミス チェックリスト

1 「『志望理由』を聞かれているのに、『高校時代に頑張ったこと』を書いている」ミスを回避するチェックポイント

- ☐ 「なぜその分野を学びたいのか＝その学部（学科）を選んだ理由」と「他にも大学がある中で、なぜその大学を選んだのか」の2点をしっかり入れたか
- ☐ 質問に関係のないことを書いていないか（質問内容に答えられているか）

2 「『学びたいことの内容』しか書いていない」ミスを回避するチェックポイント

- ☐ 「学びたいことの内容」だけではなく、「なぜその大学を選んだのか」がわかるように書けているか
- ☐ 「大学ならではの魅力」「志望する大学・学部（学科）の特徴」をしっかりと調べて、「その大学でなくてはならない理由」を伝えているか

3 「『将来の夢』を語っただけで満足してしまっている」ミスを回避するチェックポイント

- □ 答案の中に「この大学だからこそ」の要素が書けているか
- □ 「なぜその分野を学びたいのか」と「なぜその大学を選んだのか」を関連させて、「この大学だからこそ行きたいのだ」という思いを伝えられているか

4 「キーワードの意味を勘違いしている」ミスを回避するチェックポイント

- □ 設問の中に出てくるキーワードの意味を十分に考え、質問の趣旨に合った答案を書けているか
- □ 「学習計画」を説明する際には、「1年次は」「2年次は」「3年次は」「4年次は」というように、時系列で道筋を示せているか

5 「答えやすいことばかりを詳しく書いている」ミスを回避するチェックポイント

- □ 設問で聞かれていることがいくつあるのかを確認したか
- □ 内容の重要度を考えて字数のバランスを決め、各項目に書くべき内容を考えられているか

6 「アドミッションポリシーの丸写しは、一発でばれる」ミスを回避するチェックポイント

- □ 大学案内やアドミッションポリシーなどの丸写しをしていないか
- □ 最初から大学案内やアドミッションポリシーに沿ったアピールポイントを考えるのではなく、自分自身の魅力やアピールポイントをゼロベース（何にも沿わない状態）で考えたか。そのうえで、大学の提示しているアドミッションポリシーと自身の魅力やアピールポイントの関連付けができないかを考えたか

7「余計なことをだらだらと書きすぎている」ミスを回避する
チェックポイント

- ☐ なくても問題のない「前置き」に字数を使わずに、聞かれたこと
  に対して簡潔かつダイレクトに答えているか
- ☐ 余計な文学的装飾をせずに、ストレートに書けているか

8「アピールする姿勢が弱い」ミスを回避するチェックポイント

- ☐ わざわざ自分のアピールポイントを弱めるような表現を使っていな
  いか（志望理由書などで謙遜は必要ない）
- ☐「自ら進んで」「必ず」「先頭に立ち」「強く」「ぜひとも」「何事に
  も」「決して〜ない」などの表現で、積極性や熱意をアピールでき
  ているか

9「裏付けとなる『具体例』が書かれていない」ミスを回避する
チェックポイント

- ☐「きれいな言葉が並んでいるだけ」にならないように、アピールす
  る言葉を使いつつ、裏付けとなる「具体例」を書いているか
- ☐ 裏付けとなる「具体例」は、「数字」や「エピソード」を示し、読
  んでいる人が納得できるものになっているか

10「短所を強調している」ミスを回避するチェックポイント

- ☐ 短所よりも長所のほうを強調して書けているか（長所の記載よりも
  短所の記載のほうが分量や具体的な内容が多いなど、読み手に
  短所の印象が残るような記述になっていないか）
- ☐ 短所を書くときには、それをどのように克服しようとしているかを
  書き添えているか

5 うっかりミスに注意したい
間違えやすい漢字

間違えやすい漢字をあらかじめ確認しておき、志望理由書や小論文の作成に備えましょう。

間違えやすい漢字

似たような字形の漢字や、**同じ読み方をする複数の語がある漢字**は、書き間違えてしまうことがあります。漢字の書き間違いによって印象を悪くしないために、間違えやすい漢字をチェックしておきましょう。

● 書き間違えやすい漢字

✕ 外交的 → ○ 外向的（がいこうてき）	✕ 指適 → ○ 指摘（してき）
✕ 価値感 → ○ 価値観（かちかん）	✕ 社交辞礼 → ○ 社交辞令（しゃこうじれい）
✕ 感概 → ○ 感慨（かんがい）	✕ 状境 → ○ 状況（じょうきょう）
✕ 換起 → ○ 喚起（かんき）	✕ 除々に → ○ 徐々に（じょじょに）
✕ 環元 → ○ 還元（かんげん）	✕ 新規一転 → ○ 心機一転（しんきいってん）
✕ 完壁 → ○ 完璧（かんぺき）	✕ 成積 → ○ 成績（せいせき）
✕ 危機一発 → ○ 危機一髪（ききいっぱつ）	✕ 前堤 → ○ 前提（ぜんてい）
✕ 気真面目 → ○ 生真面目（きまじめ）	✕ 専問 → ○ 専門（せんもん）
✕ 共調性 → ○ 協調性（きょうちょうせい）	✕ 撤底 → ○ 徹底（てってい）
✕ 遇然 → ○ 偶然（ぐうぜん）	✕ 不可決 → ○ 不可欠（ふかけつ）
✕ 講議 → ○ 講義（こうぎ）	✕ 粉失 → ○ 紛失（ふんしつ）
✕ 因難 → ○ 困難（こんなん）	✕ 分折 → ○ 分析（ぶんせき）
✕ 最少限 → ○ 最小限（さいしょうげん）	✕ 夢我無中 → ○ 無我夢中（むがむちゅう）
✕ 自我自賛 → ○ 自画自賛（じがじさん）	✕ 労動 → ○ 労働（ろうどう）

● 同じ読み方で異なる意味を持つ漢字（同音異義語・同訓異字）

いぎ	意義：物事のもつ価値や重要性。 異議：ほかとは異なる意見や議論。
いし	意志：（「〜したい」という）積極的な心。 意思：思いや考え。
かいとう	回答：質問・要求事項に答えること。 解答：問題を解いて、答えること。
かてい	過程：物事がある結果や状態に至るまでの道筋。 課程：学校で一定期間内に行う学習の範囲や流れ。
かんしょう	鑑賞：芸術作品などを体感して、深く味わうこと。 観賞：ものの美しさや状態などを見て楽しむこと。
しじ	指示：何かを指し示す、または命令すること。 支持：意見に賛成してそれを後押しすること。 師事：師匠から教えを受けること。
たいしょう	対象：何かの行為の目標となるもの。 対称：何かと何かが対応して、つり合っていること。 対照：何かと比較することや、違いが目立つこと。
ついきゅう	追及：（責任などを）追い詰めて問いただすこと。 追求：目的を達するまでずっと追い求めること。 追究：不明なことを深く調べて、きわめること。
てきかく	的確：大事な点を押さえて間違いがないこと。 適格：必要な資格を満たしていること。
あたたかい	暖かい：からだ全体で感じるあたたかさに使う。 温かい：部分や心で感じるあたたかさに使う。
すすめる	進める：（計画などを）前へ動かす。 勧める：何かに人を誘って促す。 薦める：人物や物事を採用するように推す。
つとめる	勤める：会社や官庁などで働く。 務める：任務や役割を引き受ける。 努める：目的のために力を尽くす。

6

気づかないうちにミスしている？
間違えやすい表現

慣用表現などの意味を誤解して使ってしまうと、考えていたことと正反対の文章になることもあるので、注意しましょう。

定番の間違えやすい慣用句や表現

多くの人が知らず知らずのうちに**間違って使ってしまっている表現**には注意が必要です。また、**重複表現**は基本的に使用しないようにしましょう。

● 間違えやすい表現

確信犯	✗ 犯罪など一般的に悪いことであるとわかっていて、それでも行う行為 ○ 政治的、思想的な背景などから、自身の行いを正しいものと確信して行う犯罪行為
気の置けない	✗ 信用できない ○ 親しい、気兼ねする必要のない
敷居が高い	✗ （ある場所が高級・上品なため）行きにくい ○ 不義理や不面目なことなどのため、その人の家に行きにくい
役不足	✗ 役目に対して自分の能力が足りない ○ 力量に対して役目が不相応に軽い
✗ 足元をすくわれる ○ 足をすくわれる	「足元を見られる」との混同に注意。「すきを突かれて失敗させられる」という意味で使う場合には、「足をすくわれる」が正しい。
✗ 押しも押されぬ ○ 押しも押されもせぬ	「揺るぎない・誰もが認める」という意味で使う場合には、「押しも押されもせぬ」が正しい。

✕ 汚名挽回 ◯ 汚名返上	「汚名」は挽回する（もとに戻す）ものではなく、返上するもの。挽回を使う場合は、「名誉挽回」を使う。
✕ 少しづつ ◯ 少しずつ	数量や割合を表す「ずつ」を「づつ」と書かないようにする。「１人ずつ」「２つずつ」など。
✕ ～ずらい ◯ ～づらい	「～することが難しい」の意味の「～づらい」を「～ずらい」と書かないように注意する。
✕ 話しをする ◯ 話をする	「話」を名詞として使用する際には、送り仮名はつけない。「彼らは話している」のように、動詞として使用する場合はつける。
✕ 後で後悔する ◯ 後悔する	重複表現。「後悔」は後にするものなので、「後で」は必要ない。
✕ あらかじめ予告する ◯ 予告する	重複表現。「予」はあらかじめの意味なので、「あらかじめ」は必要ない。
✕ 一番最初・一番最後 ◯ 最初・最後	重複表現。「最」に一番の意味が入っているので、「一番」は消す。「まずはじめに」も同様で、「まず」は不要。
✕ 炎天下の中で ◯ 炎天下で	重複表現。「炎天下」だけで、炎天のもとにいることを意味するので、「の中」などは必要ない。
✕ 過半数を超えた ◯ 半数を超えた、過半数に達した	重複表現。「過半数」は半数を上回っている意味。「だいたい半数以上である」というような大まかな数を言いたい場合には使用しない。
✕ 約～円程度 ◯ 約～円、～円程度	重複表現。「約」と「程度」はどちらもおおよその意味合いを持つので、どちらかのみでよい。
✕（文頭の）なので ◯ だから・そのため	「なので」は独立した接続詞ではなく、文の途中で理由を説明するときに使うのが正しいとされるため、文頭には使わないように注意する。

7

丁寧すぎるのも逆効果

気をつけたい敬語表現

二重敬語など、丁寧な表現だと思うものが実は誤用ということがあるので、よく間違えそうな表現の基本を押さえておきましょう。

気をつけたい丁寧な言葉

敬語の間違いは大きく分けて、**過剰な表現（二重敬語や三重敬語）**と**表現の誤り**があります。

● **敬語の間違い**

二重敬語 **✕** 謙譲語＋させていただく	**例** **✕**「拝聴させていただく」 **○**「拝聴する」
二重敬語 **✕** お＋〜られる **✕** ご＋〜られる	**例** **✕**「お会いになられる」「ご覧になられる」 **○**「お会いになる」「ご覧になる」
表現の誤り **✕** 敬意の対象＋謙譲語	**例** **✕**「先生が申し上げる」 **○**「先生がおっしゃる」

一人称は「僕」「あたし」ではなく、「私」を使います。

また両親はお父さん・お母さんではなく「**父・母**」その兄弟も「**伯父・伯母**」（父母の兄・姉）、「**叔父・叔母**」（父母の弟・妹）など、親族を表す場合には適切な呼称を使いましょう。

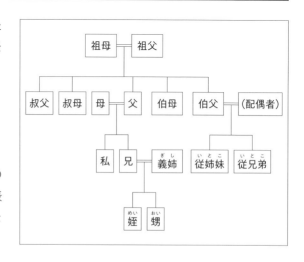

8 文章を書くときに気をつけたい
「ら」抜き言葉や「い」抜き言葉

文章を書く際には、話し言葉を使わないようにします。
「ら」抜き言葉や「い」抜き言葉に注意しましょう。

文章では書き言葉を使う

日常生活では、「ら」抜き言葉や「い」抜き言葉が当たり前のように使われていますが、本来は正しい日本語ではありません。話し言葉をそのまま文章にしてしまうと、誤用が含まれる上、くだけた印象を相手に与えてしまいます。提出物には話し言葉ではなく、書き言葉を使いましょう。

● 「ら」抜き言葉と「い」抜き言葉の例

✕ 食べれる → 〇 食べられる	
✕ 見れる → 〇 見られる	
✕ 来れる → 〇 来られる	
✕ 寝れる → 〇 寝られる	
✕ 楽しんでる → 〇 楽しんでいる	
✕ 〜してない → 〇 〜していない	
✕ 笑ってる → 〇 笑っている	
✕ 始まってた → 〇 始まっていた	

● その他の話し言葉(「ん」→「の」)の例

✕ 〜だったんですが → 〇 〜だったのですが	
✕ 〜思ったんですが → 〇 〜思ったのですが	

17

9

ふだんの話し方とは一味違う表現に
やわらかい表現→改まった表現

やわらかい表現を用いると、くだけた印象になるので、改まった
表現を使って文章を引き締めます。

表現の仕方で文章が引き締まる

　やわらかい表現を**音読みの漢字の語句**にしたり**熟語**を使ってみたりすると、文章の印象が変わります。「志望理由書」や「自己推薦書」は公的な書類ですから、日常会話で使うようなくだけた表現ではなく、**改まった表現を用いるようにしましょう**。

● やわらかい表現→改まった表現

タイミングがいい ➜ 絶好の機会、好機
ちゃんとやった ➜ 確実にやり抜いた、最後まで手を抜かずに取り組んだ
ドキッとする ➜ 驚く、驚嘆する
ドキドキする ➜ 緊張する、胸が高鳴る、興奮する
とにかく色々やってみる ➜ 試行錯誤する、悪戦苦闘する
どんどん進める ➜ 積極的に進める、推進する
何もせずごろごろする ➜ 横着、怠惰、無為
(仲間などと)励まし合って競争する ➜ 切磋琢磨する
ひょっこり現れる ➜ 突然現れる、不意に姿を現す
バタバタしている ➜ あわてている、忙しくしている
へとへとになる ➜ 疲労困憊、疲れ果てる
わくわくする ➜ 心が弾む、胸が高鳴る

10 文章表現がゆたかになる
表現のバリエーションを増やす

同じ表現を何度も使うと重複感があります。
表現のバリエーションを増やしておきましょう。

同じ表現の重複を避ける

「私は高校時代に学業を頑張りました。また、部活動も頑張りました。さらに、生徒会活動も頑張りました」では、同一表現が重複していますね。同じ頑張ったことを言うにしても、表現に工夫を加えたいものです。さまざまなバリエーションを知っておくと、文章表現がゆたかになります。

● 代表的な言い換え例

うれしかったことを表現する言葉 （うれしかった、感動した　など）	達成感がある、晴れやかになる、心躍る、感極まる、光栄に思う、胸が一杯になる、充足感がわいてくる、感激もひとしお
頑張ったことを表現する言葉 （頑張った、努力した　など）	全力投球、尽力、昼夜を問わず、不屈の精神で、粘り強く
よいことを表現する言葉 （よい　など）	的確な、計画的な、上質な、健やかな、適度な、綺麗な、有益な
思ったことを表現する言葉 （思った、考えた　など）	意識する、推察する、理解する、誤解する、痛感する、懸念する
悔しかったことを表現する言葉 （悔しかった　など）	心残りがある、あきらめがつかない、未練のある

11 ちょっとした表現で印象が変わる
マイナスの印象にならないようにする工夫

ネガティブなことをそのまま表現すると悪目立ちすることも。
言い換えることで印象を変えることができます。

ネガティブな表現を上手に言い換える

　ネガティブな表現を使うと、その表現の印象の強さが目立ってしまう可能性があるので、なるべく**ポジティブな表現**を使うようにするとよいでしょう。

● ポジティブな表現への工夫

失敗した　→　成功しなかったがよい経験を積んだ、多くの学びを得た
周囲に流されて　→　周囲と協調して、柔軟に
何も考えずに、無計画に　→　すぐに行動に移した、即断即決に
何もしなかった　→　静観した、熟慮していた、好機を待っていた

　自身の短所を表現する場合も、たとえば、「私は、おおざっぱな人間だ」ではなく「私は、やや大ざっぱな面がある」などにすると、**マイナスの印象が目立たないようになります**。

● 短所が目立たないように表現する例

やや、大ざっぱな面がある
少し、優柔不断なところがある
ときどき、せっかちだと言われることがある
多少、人見知りのところがある

12

文章の書き方の基本を確認
わかりやすく表現するための文章術

一文を短くすることがコツです。
主語と述語を近づけて書きましょう。

読みやすく伝わる文章を書くために

わかりやすい文章を書くための**文章術の基本**を確認していきましょう。

一文を短く

　一文が数行も続くような文は、読み手が何度も読み返さなければ理解できなくなる可能性があります。なるべく一文の長さを短くしましょう。

主語・述語は近づける

　主語と述語が離れていると意味がわかりづらくなる場合があります。主語と述語は近づけて書くようにします。

> 例　<u>少子化は</u>、日本国内に防災や働き方改革、地方の活性化などのさまざまな問題があって対策が急がれる中でも、<u>優先して取り組むべき問題である</u>。

> 例　日本国内には防災や働き方改革、地方の活性化などのさまざまな問題があり対策が急がれるが、中でも、<u>少子化は</u>、<u>優先して取り組むべき問題である</u>。

読点の位置

　読点は、入れた位置によって意味が変わる場合もあるので、注意します。

> 例　初めて、優勝して号泣した。（初めてなのは「優勝して号泣した」こと）

> 例　初めて優勝して、号泣した。（初めてなのは優勝したこと）

21

13 必ず守って書けるようにしよう
原稿用紙のルール

段落の書き出しは1マスあけましょう。
行の冒頭に句読点を入れないようにしましょう。

原稿用紙の基本的な書き方

　原稿用紙に書くときには約束事がありますので、確認していきましょう。特に、数字や英文字の書き方や句読点の打ち方などのルールに注意しましょう。

　　私は、大学で世界の貧困問題を解決する方
策について研究したいと考えています。2020
年に公開されたunicefの資料によると、世界
の子どもの6人に1人が貧困状態にあるとい
うことです。特に深刻なのは、
・アフリカ……ナイジェリアなど
・南アジア……インド、バングラデシュなど
これらの地域だと言われています。
　　子どもは、次の時代を担う大切な存在です。
私は、大学で国際問題を考えるゼミに入り、
メンバーとも議論を深めながら、世界の子ど
もたちの貧困を改善する方法がないか、探っ
ていきたいです。

❶段落の冒頭は１マスあける

※段落の冒頭は必ず１マスあける決まりになっているので、段落分けで改行した
　ら、その行の冒頭は１マスあけます。

❷句読点(、)(。)も１マス使う

※句読点(、)(。)や「」(カギ括弧)も１マス使います。

※ただし、句点(。)と閉じ括弧(」)は同じマスに入れます。

❸アルファベットは、大文字は１マスに１字、小文字は１マスに２字入れる

❹算用数字の場合、１桁の数字は１マス使い、２桁の数字は１マスに入れ、
　３桁以上の場合は２マスずつに分けて書く

❺句読点(、)(。)や閉じ括弧(」)が最後のマスにきたときは、直前の文字と一
　緒に書き入れる。

❻促音・よう音(小さく書く「っ」「ゃ」「ゅ」「ょ」)も１マス使う

※「っ」「ゃ」「ゅ」「ょ」は行の冒頭に書き入れて問題ない文字なので、最後
　のマスに直前の他の文字と一緒に書き入れてはいけません。

❼長音記号(ー)は１マス使う

❽三点リーダー(……)やダッシュ(――)の記号は２マス使う

＊その他の注意事項：感嘆符(！)や疑問符(？)は原則使用しない。

14 文字の大きさに気をつけたい
自由枠や罫線に記入する際の注意点

自由枠の場合には、余白が目立たないように記入します。
文章の見た目で悪い印象を残さないように気をつけましょう。

マス目がない記入用紙

志望理由書などを手書きで書く場合、記入用紙にマス目がなく、罫線のみが引かれている場合や、大枠が示されているだけの記入欄（自由枠）に書き入れる場合もあります。

罫線の補助がある場合と、自由枠に記入する場合の両パターン

基本は、原稿用紙と同様で、**読みやすい文章の見た目を作る**ことを意識しましょう。適宜段落を分け（その際は、段落の冒頭は1文字分あけて記入）、句読点などの記号が文頭にこないようにして記入します。

余白が多いと目立つので、**9割以上を埋めている状態**にしましょう。内容が足りていない場合には追加したり、文字の大きさなどを調節したりするとよいでしょう。文字の大きさに迷う場合は、書類の指示書き（「〜を書きなさい」など）よりもやや大きいくらいにするとよいです。

記入欄に罫線がない場合

自由枠に文章を書く際に1行をまっすぐに書くことは意外と難しいものです。**定規などを使ってまっすぐに書くための補助にする**とよいでしょう。

15 段落分けのポイントを確認
段落変更の目安

文章の構成を基準にして段落を分けましょう。
自由記入で文章を書く場合には、特に段落分けを意識しましょう。

段落の分け方

段落は、文のまとまりを表すものです。字数が多い文章を書く場合には、**読み手のことを考え、適宜改行して段落を作ります**。

段落には意味段落と形式段落があります。

意味段落 　１つの文章をその内容・意味に応じて分けた場合のまとまり。１つ以上の形式段落から構成される。

形式段落 　文の始まりを形式的に１字下げて「段落」とした、文章のまとまり。

段落を分ける際は、**話のかたまりごとに区切っていく**ようにします。
200～300字くらいで改行すると読みやすくなるので、800字であれば３～４段落程度にするイメージです。

志望理由書などの書類では、**問われていることの項目ごとに段落を分けていく**とよいでしょう。たとえば、「あなたは大学でどのようなことを学びたいか、その理由は何かを述べなさい。また、学んだことを将来どのようにいかしたいと考えるか、述べなさい」と問われている場合には、「大学でどのようなことを学びたいか」「その理由は何か」「学んだことを将来どのようにいかしたいと考えるか」という内容で、３つの段落に分けます。

なお、字数が2000字もあるような場合は、それぞれの「問われていることの項目」の中で、さらに段落を分ける必要があります。

16 字が上手ではなくてもこれだけは守る
読みやすい字の書き方

字の形を崩さず、丁寧に書きます。
書いた字が誤読される形になっていないか再確認しましょう。

読み手が理解に困らない字を書く

「読みやすい字」は、字の「上手・下手」とは異なります。字を書くのが「下手」であっても、「読みやすい字」を書くことは可能です。**「読みやすい字」を書くために気をつけるべき点を確認しましょう。**

字の形を崩さない

字を崩したり、一部を省略したりせず、楷書で正確に書きます。字の「とめ」「はね」「はらい」や、線のつく所と離れる所などにも気をつけて丁寧に書きましょう。自信がなければ、辞書などで正しい形を調べます。

字の大きさに気をつける

字が小さすぎると読みづらいので、マス目に大きく書くようにしましょう。また、それぞれの字の大きさになるべく差が出ないようにします。

濃い字で書く（鉛筆などで書く場合）

濃い鉛筆を使用し、筆圧を上げて書きましょう。

読み間違えやすい形になっていないかどうかを確認する

「ソ・ン」「シ・ツ」「ミ・三」「ら・5」「ら・ち」「ろ・3」などは、意図せず似てしまうことがあるので、自分が書いた字を再度見直しましょう。

17 パソコンを使って仕上げる
文書作成ソフト使用時の注意点

入力ミスや変換ミスに注意。
作成後は必ず印刷物をチェックしましょう。

文書作成ソフト特有のトラブル

　志望理由書や自己推薦書などを、文書作成ソフトを使って書く場合の注意点がいくつかあります。大学側が用意している Microsoft Word フォーマットを使用する場合などは、**そのフォーマット標準の書式やフォントをそのまま使用しましょう**。Microsoft Word 以外の文書作成ソフトで書く場合や古いバージョンのソフトで書く場合は、画面上では問題がないように見えたとしても、印刷した用紙ではレイアウトが崩れている場合もあります。**印刷後に問題がないか必ず確認しましょう**。

　また、思わぬ入力ミスや変換ミスをしてしまうことが考えられます。書き終わった後に、**誤った変換をしていないかを必ず確認しましょう**。

入力ミス・変換ミスの具体例

- ☐ 誤った場所での改行（誤ったエンターキーの入力）
- ☐ 誤った場所での空白（誤ったスペース入力）
- ☐ 数字の大きさの不統一（半角と全角の入力の不統一）
- ☐ 同音異義語などで似ている文字の変換ミス

　最後に、**実際に印刷した提出用の用紙を見て、問題がないか必ず確認しましょう**。捺印箇所がある場合は、印刷した用紙に捺印しましょう。

18

最後まで気を抜かずに見直そう

提出前の確認 チェックリスト

書いているときには気づかないこともあるので、提出物の記入内容の確認を必ず行いましょう。

　記入が終わった出願書類を改めて見直し、不備がないかどうかをチェックしましょう。

提出前の確認 チェックリスト

- ☐ 誰もが読みやすい文字で丁寧に書いたか
- ☐ ボールペンなど消えないもので記入したか（鉛筆などで記入してよい書類は除く）
- ☐ 漢字や数字の間違いはないか
- ☐ 文字を適切な大きさで書いたか
- ☐ 適切に段落を分けているか
- ☐ 書き言葉で書いているか
- ☐ 文体を統一しているか（です・ます調、だ・である調）
- ☐ マス目のある原稿用紙の場合、そのルールを守っているか
- ☐ パソコンなどで作成した書類の場合、印刷してもレイアウト崩れなどが起きないか
- ☐ ボールペン等で記入した場合の訂正で、修正液や修正テープを使用せず、二重線で消して訂正印を押しているか
  - ＊別用紙で書き直しが可能な状況ならば、書き直すことが望ましい
- ☐ ふりがな記入欄や捺印箇所などがある場合、漏れなく埋めているか
- ☐ 記入に関して大学で特に指定がある場合、それに従っているか
- ☐ 提出前にコピーなどをして記録を残したか（面接前の確認のため）

---

19 当日の心の余裕につながる
面接質問シミュレーション

面接では定番の質問があるので、自分なりの答えを考えておきましょう。

面接の準備は書類の提出段階から

面接は提出書類に記載した内容をもとに進められます。面接で矛盾したことを答えないよう、提出書類をもとに、面接で聞かれそうなことを想定し、**「回答例」**を作っておきましょう。「回答例」は完璧な文章にするのではなく、**箇条書きで作成するとよいでしょう**。

言いたいことを簡潔に伝える

面接には定番の質問があります。あらかじめ、自分がどのようなことを伝えたいかを考えておきましょう。

回答は、**簡潔に**（30秒〜1分程度）、**①答え→②理由の順**で話せるようになると、相手に伝わりやすく、よい印象になります。

言葉に詰まってしまったら

面接では想定外のことを聞かれ、言葉に詰まることもあるかもしれません。その場合にも、黙り込んでしまうのはよくありません。**「少々考える時間をいただけますか」**などと伝え、30秒程度で考えをまとめましょう。それでも難しいなら、少しでも考えついたことを言うか、最悪の場合、「考えつきませんでした」と伝えましょう。

自己PR

自分の長所などを問われた場合には、伝えたいことを簡潔に述べたうえで、**「理由」** や **「具体例」** を用いて補強していきましょう。

志望動機

「なぜこの学部(学科)なのか」はもちろん、「なぜこの大学なのか」まで答えられるようにします。

「〜の体験から〜したいと考えた」などの **「私だからこそ言える理由」** を説明して、他の大学ではなく、この大学を選んだことを相手に納得させたいものです。そのためにも、大学の WEB ページやパンフレット、オープンキャンパスなどで情報収集に努めましょう。

入学したら学びたいこと、やりたいこと

「〜を勉強したい」「サークル活動をしたい」だけではなく、**講義名やサークル活動の目標**などを入れて具体的に説明するようにします。

高校時代に力を入れたこと、印象深い出来事

部活や学校のイベント、学外での活動などの**頑張ったこと**と、**そこから学んだこと・成長できたこと**を伝えられると、印象に残ります。

併願の確認

指定校推薦などの専願が前提の場合は、専願と答えます。併願が可能な大学で併願する場合はその旨を伝え、**この大学に入学したいことを伝えます**。優先順位が高いことを強調するようにしましょう。

長所・短所

自己PRとは別に聞かれる場合もあるので、自分の長所を考えておきます。短所はそれにどう向き合っているか、**前向きな姿勢**を伝えるようにしましょう。

20

緊張しても大丈夫
面接当日の注意点

面接官に伝わりやすいようにゆっくり話します。
服装などは印象がよくなるように清潔感を心がけましょう。

面接の流れと注意点

身だしなみを整える

　最初の段階でよい印象をもってもらえるように、**身だしなみには気を配ります**。制服やシャツは汚れやシワのないものを着るようにし、寝癖などがついていないかもチェックしておきます。爪も切っておきましょう。

面接の大まかな流れ

　ドアを3回ノックし、促されてから入室します。

　入室後、ドアを閉めて椅子まで移動し、礼をして学校名と氏名を名乗り挨拶し、促されてから着席します。

　面接が終了したら感謝を伝え、ドアで一礼して退室します。

　「失礼します」 や **「ありがとうございます」** などの言葉を添えるようにしましょう。

面接中の話し方の注意点

- 背筋を伸ばして正面を向いて座り、面接官の目を見て話す
- 声をしっかり前に届けるようにして話す
- ゆっくり落ち着いて話す

緊張したらどうするか

　試験の当日は緊張しているのは当たり前のことで、周りの受験生も全員緊張しています。**「緊張しているのは自然なことだ」** と思い、気持ちを楽にして臨みましょう。

SAISOKU
GOUKAKU

別冊
志望理由書
お役立ちブック